Instituto Brasileiro de Economia

50 anos da Reforma Tributária Nacional: origens e lições

Fernando Rezende e José Roberto Afonso (Org.)

Copyright © 2014 Instituto Brasileiro de Economia

Direitos desta edição reservados à
EDITORA FGV
Rua Jornalista Orlando Dantas, 37
22231-010 | Rio de Janeiro, RJ | Brasil
Tels.: 0800-021-7777 | 21-3799-4427
Fax: 21-3799-4430
editora@fgv.br | pedidoseditora@fgv.br
www.fgv.br/editora

Impresso no Brasil | *Printed in Brazil*

Todos os direitos reservados. A reprodução não autorizada desta publicação,
no todo ou em parte, constitui violação do copyright (Lei nº 9.610/98).

Os conceitos emitidos neste livro são de inteira responsabilidade dos autores.

1ª edição — 2014

Coordenação geral: Claudio Roberto Gomes Conceição
Coordenação editorial: Juliana Marques Rocha
Revisão: Mariflor Rocha
Capa, projeto gráfico e diagramação: Marcelo Nascimento Utrine
Imagem da capa: Edifício Luiz Simões Lopes – FGV

FICHA CATALOGRÁFICA ELABORADA PELA
BIBLIOTECA MARIO HENRIQUE SIMONSEN/FGV

---

50 anos da Reforma Tributária Nacional: origens e lições / Fernando Rezende e José
Roberto Afonso (Org.). – Rio de Janeiro: Editora FGV: IBRE, 2014.
192 p.

Inclui bibliografia.
ISBN: 978-85-225-1639-1

1. Reforma tributária – Brasil. I. Fundação Getulio Vargas.

CDD – 336.200981

Prefácio

A edição dos anais dos trabalhos da comissão reunida na Fundação Getulio Vargas e que, há cerca de meio século, resultou na edição da emenda constitucional que levou à criação do sistema tributário até hoje vigente é uma oportunidade ímpar. Primeiro, para mostrar como o sistema ainda vigente foi estruturado em 1965/1967 e apenas reformado pela Constituição de 1988 e, segundo, para inspirar a construção de um novo sistema já que pode não haver mais espaço para reformar o atual regime ante tantas disfunções e distorções. É preciso resgatar a racionalidade técnica e a coragem política daquela comissão que, antes de se preocupar com os detalhes da tributação, buscou traçar uma visão estratégica da economia e da sociedade brasileira: onde estávamos e onde poderíamos chegar. A partir daí, foram sendo moldadas as competências tributárias e repartições de receitas entre governos que permitiam fazer tal travessia de modo seguro.

A reforma tributária de 1965 foi elaborada pelos professores Gilberto de Ulhôa Canto, Rubens Gomes de Souza e Gerson Augusto da Silva, na gestão de Octávio Gouvêa de Bulhões e Roberto Campos nos ministérios da Fazenda e do Planejamento do governo Castello Branco. Ela teve como premissas básicas a redução do número de impostos, a criação de um sistema de repartição de receitas dos impostos da União para os estados e municípios e dos estados para os municípios, e a substituição dos fatos geradores representados por atos jurídicos de natureza econômica que pudessem medir a capacidade contributiva, tais como a renda, o consumo e o patrimônio.

A referida reforma iniciou em nossa Federação o ciclo que chamo de "federalismo financeiro de integração". A ideia original foi, de um lado, reduzir a autonomia dos estados e municípios para instituir tributos —

aos primeiros sobraram os impostos estaduais sobre circulação de mercadorias e transmissão de imóveis e aos segundos, os impostos municipais sobre serviços e imóveis urbanos. Por outro lado, foram criados canais de distribuição automática dos recursos arrecadados por uma máquina fiscal centralizada — a da União — com o objetivo de ganhar eficiência administrativa a custos menores. A rigidez do sistema foi ao máximo pela absoluta vedação à bitributação e pela entrega da competência residual exclusivamente à União — aliás, pela redação original da emenda de 1965, a competência residual seria simplesmente abolida.

Os objetivos daquela reforma eram grandiosos: criar um sistema tributário realmente integrado, harmônico e de caráter nacional, compatibilizando, ainda, a competência tributária com as responsabilidades da União relativamente à política econômica social; reduzir o número dos impostos e fundar os repetitivos fatos geradores em realidades econômicas para tentar evitar distorções e fatores de ineficiência; estruturar mecanismos adequados à utilização dos impostos para finalidades extrafiscais, vale dizer, como instrumentos de política econômica e social; racionalizar a arrecadação dos tributos, centralizando a legislação e a administração quanto a impostos, na esfera federal, mas estabelecendo mecanismos automáticos de distribuição do produto para as outras duas esferas; e remodelar determinados impostos, principalmente o de renda e o incidente sobre a produção industrial, de modo a permitir um aumento da progressividade global do sistema tributário, viabilizando uma mais justa divisão da carga tributária da sociedade.

Orientando-se por esses objetivos, a Emenda Constitucional nº 18 de 1965 cujos princípios foram incorporados à Constituição de 1967, e o Código Tributário Nacional (Lei nº 5.172/66) ergueram o novo sistema que classificou os impostos, segundo a categoria econômica, em quatro grupos: comércio exterior; patrimônio e renda; produção e circulação; e especiais.

O primeiro grupo, o dos impostos sobre o comércio exterior, abrigou os impostos de importação e de exportação, este último transferido, como já se viu, à competência da União.

O segundo, o dos impostos sobre patrimônio e renda, reuniu o imposto predial e territorial urbano (IPTU), de competência dos municípios, o imposto sobre a transmissão de bens imóveis (ITBI), de competência dos estados, e os impostos sobre a propriedade territorial rural e, o principal deles, o sobre a renda e proventos (IR), ambos da competência da União. O imposto de renda foi imaginado desde a implantação do novo sistema como instrumento não só de arrecadação, mas também de política econômica e de justiça fiscal. Entretanto, o excesso de incentivos setoriais e regionais fez com que perdesse parte de sua eficácia como instrumento de geração de receita, bem como produzisse um impacto regressivo sobre o sistema tributário em seu todo, beneficiando, principalmente, as pessoas de classe de renda mais elevada.

As alterações mais marcantes ocorreram no terceiro grupo, o dos impostos sobre a produção e circulação. Nele, em substituição ao antigo imposto sobre vendas e consignações, foi introduzido o imposto sobre circulação de mercadorias (ICM), de competência dos estados, cuja incidência ocorre de forma não cumulativa, ou seja, recai apenas sobre o valor adicionado. Trata-se de um imposto de alíquota uniforme, não influindo, por isso mesmo, na alocação dos recursos e dos investimentos. Outras vantagens desse imposto, devido a sua não cumulatividade, são a de permitir a desoneração da carga tributária das importações e a de não favorecer a verticalização das atividades produtivas. Nesse grupo também, em substituição ao imposto de consumo, foi criado, no âmbito da competência federal, o imposto sobre produtos industrializados (IPI), incidindo igualmente sobre o valor adicionado, mas com alíquotas diferenciadas estabelecidas na razão inversa à essencialidade dos bens. Também na competência federal, foi incluído o imposto sobre serviços de transporte e comunicações e o imposto sobre operações financeiras (IOF). Nesse grupo ainda, mas de competência municipal, foi previsto o imposto sobre serviços de qualquer natureza, substituindo os impostos sobre indústrias e profissões e o sobre diversões públicas. No que tange ao IPI, importante desvio decorreu da ampliação exagerada do seu campo de incidência. Isso afetou o seu caráter seletivo, uma vez que alcançava produtos de amplo consumo popular fabricados predominantemente por pequenas e médias empresas nacionais, com utilização intensiva de mão de obra. Na área do ICM, a principal distorção, face à concepção do sistema, se prendeu a sua utilização como instrumento de política econômica. Esse imposto, pelas suas características, foi idealizado com uma função meramente arrecadadora, de modo que a não incidência sobre bens de capital e matérias-primas importadas e uma grande gama de isenções provocaram um desvirtuamento do sistema originalmente imaginado. Além do mais, as suas alíquotas nas operações internas, em 1968, caíram 18% (no Norte e no Nordeste) e 17% (no Centro-Sul), para 15% e 14% respectivamente, afetando o equilíbrio financeiro dos estados.

Um quarto e último grupo — o dos "impostos especiais" — agrupou os impostos únicos sobre minerais, sobre energia elétrica, sobre combustíveis e lubrificantes, todos de competência federal.

O sistema tributário instituído com 15 impostos se apoiava, principalmente, em dois impostos federais — um imposto de renda progressivo e um imposto seletivo sobre o consumo de produtos industrializados — e em um imposto estadual de consumo, cobrado no momento da circulação, cujo fato gerador era a saída das mercadorias do estabelecimento industrial, comercial ou produtor — o ICM. Da arrecadação do IR e do IPI era destinado um porcentual para os fundos de participação dos estados e dos municípios. Da arrecadação do ICM, um porcentual pertencia aos municípios. Os porcentuais que constituem os fundos de participação dos estados e municípios, originalmente fixados em 20% do produto da arrecadação do IPI e do imposto de renda, foram reduzidos, em 1969, para 10%, permanecendo nesse nível até 1975, quando começou a ser continuamente elevado por várias emendas constitucionais.

É verdade que, devido a uma série de fatores, o sistema tributário nacional não pôde ser aplicado, desde logo e rigorosamente, de acordo com o espírito renovador que orientou a reforma tributária. Mas o sistema tributário de 1966 funcionou de forma bastante positiva até 1988 e presenciou o chamado milagre econômico, quando o país cresceu a taxas extremamente elevadas. A filosofia inicial da reforma — centralização da competência tributária com redistribuição do produto da arrecadação — foi também afetada por uma série de medidas que, visando resolver problemas conjunturais, acabaram reduzindo os recursos transferidos aos estados e municípios.

Por último, não resisto a comentar que vejo o caso do capítulo do sistema tributário da Constituição vigente como um caso particular e emblemático. A Carta de 1988 mais reformou do que mudou aquela estrutura — por exemplo, não acabou com o ICM ou os fundos de participação, apenas ampliou a base do imposto e os porcentuais de partilha dos fundos. A mesma Constituição, porém, abriu atalho para a desfiguração do sistema de impostos e para a criação de um sistema paralelo, em que contribuições e até taxas foram criadas, majoradas e cobradas como se impostos fossem. Se o atual sistema tem sido inegavelmente eficiente para arrecadar, por outro lado, tem pecado cada vez mais pela qualidade — é cumulativo, opaco, iníquo, complexo, oneroso, entre outros problemas.

O quinquagésimo aniversário da reforma tributária de 1965 é um momento propício para reflexões e ações em busca de mudanças. Insisto que é hora de retomarmos a inspiração daquela época e que levou à criação do sistema tributário ainda vigente. Precisamos de uma visão estratégica para moldar um novo sistema condizente e consistente com a atual realidade econômica e social, do país e do mundo. Precisamos da mesma coragem que se teve em 1965 para ousar na definição das competências tributárias, quando fomos o primeiro país do mundo a adotar um imposto sobre valor adicionado em larga escala, embora, reconheço, pagamos o preço do pioneirismo ao fazê-lo na esfera estadual de governo e com um regime de crédito físico no lugar do financeiro. Agora é hora de corrigir e seguir a mesma solução do resto do mundo — ou seja, unificar a tributação sobre bens e serviços, nacionalizar a legislação e a cobrança do imposto sobre valor adicionado. Aliás, cabe tratar de toda a matéria tributária em um mesmo e único capítulo tributário na Constituição da República, aproveitando a oportunidade para enxugar o texto, transferir disposições gerais para o Código Tributário, eliminar contribuições e taxas que incidem sobre a mesma base de impostos e, ainda, impedir que venham a ser ressuscitadas posteriormente. Não é difícil conceber um sistema tributário com poucos impostos, baseado em fatos geradores de consistência econômica, e de receita compartilhada, com fundos de participação das esferas subnacionais de governo baseado no total arrecadado e não mais em poucos e específicos impostos, o que estimulou a migração de sua cobrança para contribuições e outros impostos não partilhados.

O Brasil pode e precisa de uma mudança tributária para valer. Entendo que, antes de tudo, é preciso revisar o tratamento que foi dispensado aos vários projetos de reforma tributária dos últimos anos e décadas. Não se deve concentrar demasiada atenção no texto da mudança constitucional e menosprezar ou abandonar as alterações na legislação ordinária e nos regulamentos. Um dos equívocos cometidos tem sido iniciar o debate pela apresentação e exame de um texto legal, ou seja, começando pelo que deveria ser o fim. Antes de formular um texto legal, cabe avaliar o consenso em relação ao desenho proposto, principalmente em torno das questões federativas.

Enfim, é hora de retornar e reviver o processo de reforma tributária de meados dos anos 1960. A pergunta que não pode calar é: por que motivo o Brasil não pode ter um sistema tributário como o existente em outros países, simples, racional, baseado exclusivamente nos impostos sobre a renda, o consumo e o patrimônio?

Francisco Dornelles
Vice-presidente da Fundação Getulio Vargas e Senador da República

Apresentação

Em 1963, a Fundação Getulio Vargas (FGV) foi incumbida da tarefa de elaborar uma proposta de reforma do Ministério da Fazenda.[1]

O então presidente da FGV, Luiz Simões Lopes, encarregou-se, pessoalmente, da tarefa de presidir a comissão criada para executar essa tarefa, que reuniu um seleto número de especialistas na matéria fiscal — os doutores Rubens Gomes de Souza, como relator; Gerson Augusto da Silva, como secretário-executivo; Sebastião Santana e Silva, Gilberto de Ulhôa Canto e Mario Henrique Simonsen.

Os trabalhos dessa comissão tiveram início em outubro de 1963, anteriormente, portanto, ao advento do regime militar. Conforme o relato da época, os responsáveis por esse trabalho entendiam, desde o início, que era necessário promover reformas abrangentes no regime tributário então vigente para que ele se ajustasse às necessidades de desenvolvimento do país.

A tese de que era necessário efetuar uma mudança profunda, para modernizar a tributação, apoiava-se em um minucioso diagnóstico da situação vigente. Nele, foi destacada a pouca atenção dispensada à dimensão econômica dos tributos, que dava espaço à proliferação de impostos concebidos em termos puramente jurídico-formais, para aumentar as receitas, contribuindo para a ineficiência econômica e a complexidade do regime tributário.

A recomendação de que os impostos deveriam ser distinguidos em razão das suas bases econômicas, e não da sua natureza jurídica, compôs

---

[1]Portaria interministerial GB-30, de 1965, dos ministros da Fazenda e do Planejamento.

a espinha dorsal da proposta de reforma elaborada pela comissão. Dessa forma, tornava-se possível avançar no rumo da construção de um sistema tributário nacional, que rompia com a tradição de coexistirem três regimes autônomos — o federal, o estadual e o municipal.

A construção de um sistema tributário nacional implicava a necessidade de harmonizar a tributação incidente sobre o patrimônio e a renda, a produção e circulação de bens, e o comércio exterior. E isso impunha novos desafios ao seu trabalho, pois num país de grande dimensão territorial, acentuadas disparidades socioeconômicas, e existência de três níveis de governo, era necessário atentar para a realidade vigente e dispor da flexibilidade necessária para que o sistema pudesse adaptar-se futuramente a mudanças nas condições econômicas e à evolução das ideias políticas.

A reforma tributária não podia, portanto, limitar-se a uma reformulação dos tributos. Tinha que estar ancorada em um novo modelo de federalismo fiscal, que também inovou nas regras adotadas para promover a redistribuição de receitas na Federação. Nesse novo modelo, destacava-se a criação do Fundo de Participação de Estados e Municípios, formado pelo aporte de receita de impostos federais, e a partilha com municípios da receita do novo imposto estadual sobre a circulação de mercadorias.

No caso dos fundos de participação, a proposta atribuiu a uma lei complementar a competência para regular seu funcionamento, tendo em vista assegurar a flexibilidade necessária à adaptação desse regime a mudanças nas condições socioeconômicas do país e, assim, evitar o acúmulo de desequilíbrios na repartição dos recursos tributários na Federação.

Em um sistema tributário nacional que visava à competitividade da economia e ao fortalecimento da Federação, o comércio interestadual não podia ser tributado. E a proposta da comissão tratou disso nas regras que definiam as características do novo imposto estadual sobre a circulação de mercadorias — o ICM. Essas regras atribuíam, ao Senado Federal, a competência para fixar uma alíquota máxima, única, para as operações interestaduais, e determinavam que a não cumulatividade desse imposto estendia-se ao imposto cobrado em etapas anteriores, ainda que por outro estado da Federação, de forma a eliminar a tributação interestadual. O estado de destino da mercadoria ficava obrigado a reconhecer o crédito do imposto pago no estado de origem, sendo que, no caso de operações de exportação para o estrangeiro, a alíquota aplicar-se-ia apenas às etapas anteriores à exportação da mercadoria. O imposto estadual não deveria onerar as exportações, ficando preservado o crédito do imposto cobrado em etapas anteriores.[2]

A substituição do antigo imposto estadual pelo ICM buscava, ainda, coibir a competição fiscal, que a Comissão da Reforma classificava como uma autêntica guerra tributária entre os estados brasileiros. Como o comércio interestadual também era tributado pelo imposto sobre vendas e consignações — o IVC, os estados buscavam atrair a produção de alguns bens para suas fronteiras reduzindo a alíquota aplicada a esses produtos e, ao mesmo tempo, aumentando a alíquota aplicada a produtos vindos de fora. Ao uniformizar a alíquota interna e estender o princípio da não cumulatividade ao comércio interestadual, adotando uma alíquota teto uniforme para a aplicação do ICM a operações interestaduais, a proposta da comissão visava corrigir esse problema.

Nas discussões travadas dentro e fora do Congresso, a proposta da comissão sofreu algumas modificações. Seus integrantes reconheciam que a adoção de uma alíquota única de 15% para o ICM enfrentaria resistências dos estados menos desenvolvidos, o que não demorou a acontecer. A alíquota de 15% foi mantida para os estados das regiões mais desenvolvidas, cabendo às unidades federadas das Regiões Norte e Nordeste aplicar uma alíquota de 18%, para compensar o efeito das disparidades regionais na arrecadação estadual.[3] O trecho abaixo, extraído do relatório da comissão, revela o entendimento que tinha do problema:

> "Tudo leva a crer, porém, que os estados pertencentes às diferentes regiões geoeconômicas do país acabarão por diversificar, mediante convênio

---

[2]É claro que essa determinação significava que o estado que exportasse mercadorias produzidas com insumos adquiridos de outros estados arcaria com o ônus dessa medida, não tendo sido considerada a questão do aproveitamento desses créditos. Por isso, como veremos adiante, a regra foi em seguida alterada.

[3]Como a base produtiva desses estados era limitada, uma alíquota uniforme faria com que eles arrecadassem apenas o ICM incidente sobre a margem adicionada pelo comércio local.

> multilateral, embora nos limites da lei federal, as alíquotas do imposto. A experiência da alíquota única de 15% dificilmente será mantida por todos os estados. O clamor já existente é no sentido de elevá-la ao máximo permitido pela legislação federal."[4]

Na exposição de motivos que o ministro da Fazenda, Octávio Gouvêa de Bulhões, encaminhou ao presidente da República, com a proposta de emenda constitucional de número 18, em 1º de novembro de 1965, ele destacou a urgência de um reexame dos impostos da Federação com o fim de instituir-se um sistema compatível com os requisitos do progresso econômico do país. Destacou, ainda, que a multiplicidade e a acumulação de incidências tributárias, a despeito da separação formal dos impostos, dificultavam e oneravam a produção. E menciona que os empecilhos ao progresso estão se tornando alarmantes. Soa familiar? Não é interessante constatar que muitas das circunstâncias que marcaram e delimitaram o diagnóstico, a formulação e a definição do sistema tributário há meio século continuam presentes, em condições ainda mais graves, na sociedade e na economia brasileira, atualmente?

Apesar de alguns ajustes efetuados durante a tramitação da proposta e uma aprovação com quórum baixo, depois de grandes embates em plenário o projeto da Comissão foi aprovado e incorporado à Emenda Constitucional nº 18, de 1965, e, posteriormente, com pequenas modificações, na Constituição de 1967.

O sistema tributário que emergiu desse trabalho foi de fundamental importância para alavancar o processo de crescimento econômico e a industrialização do país, tendo, ademais, trazido ganhos importantes para o objetivo de fortalecimento da Federação. Em que pese os receios dos estados, com respeito a prejuízos financeiros decorrentes da adoção do ICM, a receita estadual cresceu expressivamente em todo o país nos primeiros anos de implantação do imposto, com o ICM adquirindo a posição do imposto mais importante de toda a nação, do ponto de vista do volume de recursos arrecadados.

---

[4] Fundação Getulio Vargas, Comissão da Reforma do Ministério da Fazenda (1967). Relatório Final, p. 126.

Fernando Rezende e José Roberto Afonso (Org. da reedição)

Em virtude da reforma de 1965 ter sido associada a uma mudança promovida pelo regime de governo militar, é importante lembrar e reconhecer que ela teve origem distinta, ainda em meio a um mandato presidencial democraticamente eleito.

Na comemoração dos seus 50 anos, resgatar a história da reforma tributária é um dever e oportunidade. Há um vasto acervo de trabalhos conduzidos pela comissão liderada pela Fundação Getulio Vargas que agora podem ser oferecidos novamente ao público com a reedição desta publicação, esgotada e raramente encontrada mesmo em bibliotecas.

Certamente importantes lições podem ser retiradas desse acervo, ora republicado pela FGV, para a preparação de um novo projeto de reforma tributária para o Brasil. A começar pela necessidade de se realizar um diagnóstico abrangente e atualizado das disfunções acumuladas pelo caótico regime tributário vigente, antes de ser formulada qualquer proposta para sua mudança.

Esse passo é imprescindível se o objetivo maior da empreitada não for apenas remendar ou retocar o que já existe há meio século, mas sim a construção de um **novo sistema tributário nacional**, aliás, como se fez em 1965, em que se mudou toda a cobrança de tributos e a sua repartição de receita entre governos.

Hoje, é preciso novamente promover uma mudança estrutural, que seja guiada pelos princípios de eficiência econômica dos tributos, de equilíbrio e fortalecimento da Federação, e de justiça na repartição da carga tributária. Há meio século a economia brasileira, e mesmo a da maioria dos países, era extremamente fechada — ou seja, o comércio exterior, inclusive com vizinhos, tinha uma dimensão demasiado pequena.

Na era da globalização, torna-se imprescindível, entre outros aspectos, recuperar a proposta de desonerar plenamente exportações, inclusive evitando o acúmulo de créditos, e taxando a produção doméstica em igualdade com a importada, o que exige mitigar a cumulatividade. Cinquenta anos atrás a economia, inclusive mundial, era movida pela produção e comércio de mercadorias, logo, os impostos mais importantes eram os que incidiam sobre bens industriais e agrícolas e o imposto indireto podia se basear um regime de crédito físico, cotejando insumos contra mercadorias. Na economia moderna, a indústria perde espaço para os serviços, inclusive os novos de tecnologia de comunicação, enquanto o setor privado assume aqueles que eram monopolizados pelo governo. O novo sistema tributário precisa levar em conta esses fatos, inclusive para que a tributação de valor adicionado adote o regime do crédito financeiro.

Vale a pena, também, prestar atenção a um aspecto que foi ignorado em todas as mudanças subsequentes ao regime tributário, assim como nas recorrentes tentativas fracassadas de modificá-lo recentemente. Em uma Federação, a reforma tributária precisa ser tratada no âmbito de uma revisão das regras que determinam a repartição constitucional das rendas entre os entes federados. Em outras palavras, a reforma tributária deve ser parte de uma mudança abrangente, que vise à construção de um novo modelo de federalismo fiscal, que reforce os fundamentos de uma nova estratégia para o desenvolvimento econômico e social do Brasil.

Num momento em que há esperança de que passos importantes venham a ser adotados nesse campo, após a sucessão presidencial, a iniciativa da Fundação Getulio Vargas, de trazer à luz os resultados do importante trabalho realizado pela Comissão da Reforma do Ministério da Fazenda, merece ser recebida com entusiasmo.

Fernando Rezende
Professor da Escola Brasileira de Administração Pública da Fundação Getulio Vargas (FGV/ EBAPE) e Mestre em Economia pela Vanderbilt University

José Roberto Afonso
Pesquisador e economista do Instituto Brasileiro de Economia da Fundação Getulio Vargas (FGV/IBRE). Doutor e mestre em Economia

Apresentação da reedição

Em 1963, a Fundação Getulio Vargas (FGV) foi incumbida de realizar um amplo trabalho de reforma do sistema tributário brasileiro, com o objetivo de que ele se ajustasse às necessidades de desenvolvimento do país. As propostas feitas pela Comissão de Reforma do Ministério da Fazenda, encaminhadas ao governo no final de 1965, agora podem ser acessadas, gratuitamente, através do Portal do Instituto Brasileiro de Economia (FGV/IBRE), no endereço www.fgv.br/ibre.

Estão disponíveis as seguintes edições com seus nomes originais:

Maio de 1964	Nº 1	Relatório Preliminar
Novembro de 1964	Nº 2	Processo Tributário
Abril de 1965	Nº 3	Anteprojeto de Código de Impôsto de Renda
Junho de 1965	Nº 4	O Sistema Tributário Brasileiro
Junho de 1965	Nº 5	The Tax System of Brazil
Junho de 1965	Nº 6	Reforma da Discriminação Constitucional de Rendas
Agosto de 1965	Nº 7	Lei do Impôsto do Consumo
Agosto de 1965	Nº 8	Departamento de Arrecadação
Agosto de 1965	Nº 9	Serviço Federal de Processamento de Dados
Setembro de 1965	Nº 10	Impôsto do Sêlo
Novembro de 1965	Nº 11	Regimento do Departamento do Impôsto de Renda
Dezembro de 1966	Nº 12	Indicador Geral do Impôsto de Renda (índice e regulamento)
Setembro de 1965	Nº 13	Regulamento do Impôsto de Consumo
Julho de 1966	Nº 14	Dicionário do Impôsto de Consumo
Abril de 1966	Nº 15	Arrecadação pela Rêde Bancária
Dezembro da 1965	Nº 16	Cadastro Nacional de Contribuintes
Maio de 1966	Nº 17	Reforma Tributária Nacional*
Junho de 1966	Nº 18	Serviço Federal de Processamento de Dados (Org. e Funcionamento)
Maio de 1966	Nº 19	Guia Geral do Impôsto de Renda (Pessoas Físicas)
Junho de 1966	Nº 20	Regulamento e Documentação Subsidiária do Impôsto de Consumo
Agosto de 1966	Nº 21	Indicador de Legislação Fazendária

---

*Volume também disponível nas páginas a seguir.

REFORMA
TRIBUTÁRIA
NACIONAL

ADVERTÊNCIA

AS PUBLICAÇÕES DA COMISSÃO DE REFORMA DO MINISTÉRIO DA FAZENDA E AS CLIENTELAS A QUE SE DESTINAM

As publicações da Comissão de Reforma do Ministério da Fazenda dividem-se em duas categorias:

1. Anteprojetos de Leis, de Regulamentos, de Regimentos e respectivas Exposições de Motivos, que são submetidos, em primeiro lugar, à aprovação do titular da pasta e, depois, aos escalões superiores, Presidência da República e Congresso Nacional, conforme o caso;

2. estudos, diplomas legislativos, ementários, manuais e outros documentos da mesma família, originàriamente destinados às autoridades e servidores do Ministério da Fazenda responsáveis pelo cumprimento das leis fiscais do País.

O critério seguido na distribuição (sempre gratuita e espontânea) das publicações da Comissão baseia-se, òbviamente, nas afinidades entre o respectivo texto e a natureza das funções das entidades, autoridades e servidores públicos a que cada publicação é enviada.

De tôdas as publicações, a Comissão remete exemplares à Presidência da República, à Casa Civil, ao Gabinete Militar, ao Serviço Nacional de Informações, a todos os Ministros de Estado, às duas Casas do Congresso, aos Órgãos do Poder Judiciário (Supremo Tribunal Federal, Superior Tribunal de Recursos, Tribunal de Contas), assim como aos Governadores de Estado, aos Presidentes das Assembléias Legislativas estaduais, aos Secretários de Fazenda e aos Prefeitos das Capitais.

Quando se trata de Anteprojetos, ou estudos de que poderão resultar Anteprojetos de Lei, enviam-se exemplares a cada

Deputado e a cada Senador, assim como às bibliotecas de ambas as Casas do Legislativo. Quando se trata de textos de leis ou regulamentos fiscais, com os respectivos índices analíticos, a clientela preferencial compõe-se, naturalmente, dos Agentes Fiscais, dos Delegados Regionais, enfim, dos representantes do Fisco Federal na Capital e nos Estados.

Além disso, em todos os casos, são distribuídos exemplares às principais bibliotecas do País, assim como às Embaixadas dos países que mantêm relações diplomáticas com o Brasil. As Associações Comerciais, as Federações de Indústria, a Associação Brasileira de Municípios e os Sindicatos Profissionais recebem, igualmente, as publicações da Comissão.

Devido a sua natureza especializada e ao elevado custo do papel e mão-de-obra gráfica, a tiragem de cada publicação é determinada de acôrdo com a estimativa do número de entidades, autoridades e funcionários que, a juízo da Comissão, têm interêsse em conhecer ou pelo menos acompanhar os seus trabalhos.

Fora dos círculos oficiais enumerados, a Comissão tem enviado suas publicações aos principais jornais do País, às Universidades e, excepcionalmente, a escolas, professôres e estudantes brasileiros e estrangeiros, que manifestam interêsse em recebê-las.

A demanda crescente das publicações, que já está passando a agressiva, começa, entretanto, a afetar a sua distribuição, dificultando à Comissão o cumprimento estrito da obrigação de documentar e expor, à crítica das autoridades e dos órgãos interessados, os estudos, projetos e recomendações de sua autoria.

Ficam, assim, explicadas as razões por que freqüentemente a Comissão se vê impossibilitada de atender, no todo, ou em parte, a numerosos pedidos de publicações que recebe.

No caso das publicações esgotadas, cujos números e títulos aparecem no alto da lista, tais pedidos, além de inteiramente inúteis, apenas produzem o efeito negativo de perturbar os trabalhos da Comissão e onerar o tempo de seu pessoal.

COMISSÃO DE REFORMA DO MINISTÉRIO DA FAZENDA

QUADRO DIRIGENTE

Presidente
Luiz Simões Lopes

— Presidente da Fundação Getúlio Vargas

Presidente-Substituto
Alim Pedro

— Diretor-Executivo da Fundação Getúlio Vargas

Coordenador-Geral
Gerson Augusto da Silva

— Técnico de Economia e Finanças — MF. Representante do Ministério da Fazenda

CONTRÔLE DA EXECUÇÃO DOS PROJETOS

Responsável
Benedicto Silva

— Assessor para Assuntos Legislativos — DASP. Professor da Escola Brasileira de Administração Pública — FGV

GRUPO DE TRABALHO DE PESSOAL

Diretor-Executivo
Astério Dardeau Vieira

— Assistente-Jurídico — DASP

SETOR DE ARRECADAÇÃO

Coordenador
Werner Grau

— Agente Fiscal de Rendas Internas — MF

SETOR DE DOCUMENTAÇÃO

Coordenador
Benedicto Silva

SETOR DE INSTALAÇÕES E EQUIPAMENTOS

Coordenador
Syndoro Carneiro de Souza — Diretor da Divisão de Edifícios Públicos do DASP

SETOR DE LEGISLAÇÃO

Coordenador
Arthur Ribeiro da Silva Filho — Oficial de Administração — MF

SETOR DE ORGANIZAÇÃO E MÉTODOS

Coordenador
Moacyr Ribeiro Briggs — Embaixador — MRE

EQUIPE DE REFORMA DO IMPÔSTO ADUANEIRO

Coordenador
Oswaldo da Costa e Silva — Agente Fiscal do Impôsto Aduaneiro — MF

EQUIPE DE REFORMA DO IMPÔSTO DE RENDA

Coordenador
Guilherme dos Santos Deveza — Agente Fiscal do Impôsto de Renda — MF

EQUIPE DE REFORMA DOS IMPOSTOS DO SÊLO E DE CONSUMO

Coordenador
Rossini Thalez Couto — Agente Fiscal de Rendas Internas — MF

SECRETARIA-EXECUTIVA

Secretária-Executiva
Maria Joana de Almeida Fernandes — Agente Fiscal do Impôsto de Renda — MF

QUADRO TÉCNICO

CONTRÔLE DA EXECUÇÃO DOS PROJETOS

Assessôra
Maria Cleônia Macedo de Castro Freire — Professôra da EBAP — FGV

SETOR DE ADMINISTRAÇÃO DE PESSOAL

Assessor
Júlio de Almeida França — Oficial de Administração — MF

SETOR DE ARRECADAÇAO

Assistente
Carmen de Oliveira Santos — Arquivista — MF

SETOR DE DOCUMENTAÇAO

Chefe do Subsetor de Documentação
Ana Maria Bernardes Goffi Marquesini — Assistente de Pesquisa — FGV

Assistentes
Ruy Vianna — Redator da Rádio Nacional
Terezinha de Jesus Santos — Oficial de Administração — MJNI

SETOR DE INSTALAÇOES E EQUIPAMENTOS

Assistentes
Antônio José Arêas Ribeiro — Desenhista — ETUB
Lione Spivak — Engenheiro — DASP

SETOR DE LEGISLAÇAO

Assistente
Mílton Acácio de Araújo — Oficial de Administração — MEC

SETOR DE ORGANIZAÇAO E MÉTODOS

Assessor Especial
Othelo Sarmento Serra Lima — Contador — MF

Assessôres
Hélio Magalhães Escobar — Técnico de Administração — DASP
Maria do Carmo Almeida Rohr — Agente Fiscal do Impôsto de Renda — MF
Maria Lúcia Baena Machado Silva — Agente Fiscal do Impôsto de Renda — MF
Olga Pio da Silva Santos — Oficial de Administração — MF

EQUIPE DE REFORMA DO IMPÔSTO ADUANEIRO

Assessôra Especial
Lúcia Marinho Pirajá — Estatístico — MF

Assessôres
Alberto Manoel de Vasconcelos — Agente Fiscal do Impôsto Aduaneiro — MF
Augusto César Cardoso — Funcionário da CACEX — Banco do Brasil
Eduardo Abrahão — Estatístico — MF
João Fernandes de Almeida — Estatístico — MF
Luiz Emygdio Pinheiro da Câmara — Chefe de Setor da Confederação Nacional da Indústria
Moacir de Matos Peixoto — Agente Fiscal do Impôsto Aduaneiro — MF
Néa Lopes Monteiro Sacco — Agente Fiscal do Impôsto Aduaneiro — MF

EQUIPE DE REFORMA DO IMPÔSTO DE RENDA

Assessor Especial
Léo Leite Costa — Agente Fiscal do Impôsto Aduaneiro — MF

Assessôres
Cecilia Lopes da Rocha Bastos — Agente Fiscal do Impôsto de Renda — MF

Estela Feijó Cardoso — Agente Fiscal do Impôsto de Renda — MF

Germânia Bastos — Agente Fiscal do Impôsto de Renda — MF

Helena da Costa Rodrigues — Agente Fiscal do Impôsto de Renda — MF

Hélio Graça Castanheira — Agente Fiscal do Impôsto de Renda — MF

Maria Isabel Nogueira da Silva — Agente Fiscal do Impôsto de Renda — MF

Wilson Barbosa Blanco — Agente Fiscal do Impôsto de Renda — MF

EQUIPE DE REFORMA DOS IMPOSTOS DO SÊLO E DE CONSUMO

Assessôres
Durval Ferreira de Abreu — Agente Fiscal de Rendas Internas — MF

Hernandes de Araújo Pinto — Agente Fiscal de Rendas Internas — MF

Múcio Tôrres Carrilho — Fiscal Auxiliar de Impostos Internos — MF

Otacílio Silva da Silveira — Agente Fiscal de Rendas Internas — MF

Otto Garcindo de Sá — Agente Fiscal de Rendas Internas — MF

Sylvio de Carvalho Santos — Agente Fiscal de Rendas Internas — MF

QUADRO ADMINISTRATIVO

SETOR DE ADMINISTRAÇÃO GERAL NA FUNDAÇÃO GETÚLIO VARGAS

Chefe da Divisão de Contabilidade
Luiz Sidney Vidal do Couto

Assessor Contábil
Gabriel Mamoré N. P. de Melo

FUNDAÇÃO GETÚLIO VARGAS
COMISSÃO DE REFORMA DO MINISTÉRIO DA FAZENDA

REFORMA
TRIBUTÁRIA
NACIONAL

17

1966

APRESENTAÇÃO

Desde o início de seus trabalhos, em outubro de 1963, a Comissão de Reforma do Ministério da Fazenda interpretou, *lato sensu,* as dimensões da tarefa que lhe fôra confiada, pressentindo que esta não se limitaria ao levantamento e substituição de rotinas de trabalho, ou reestruturação do órgão e revisão das leis tributárias. Em verdade, sempre estêve nos horizontes da Comissão formular propostas de maior alcance, que, se aceitas, poderiam envolver emendas constitucionais pertinentes aos campos financeiro e tributário.

Ocorre que, enquanto prosseguiam os trabalhos da Comissão, o Excelentíssimo Senhor Presidente da República determinou, expressamente, ao Ministro da Fazenda que procedesse a um exame da discriminação constitucional de rendas então em vigor. Firmou-se, assim, a política do Poder Executivo no sentido de levar a efeito uma reforma tributária nacional.

No cumprimento da diretriz presidencial, o Ministro da Fazenda e o Ministro Extraordinário para o Planejamento e Coordenação Econômica designaram, por portaria de n.º GB-30/1965, uma Comissão especial para elaborar o anteprojeto de reforma de discriminação constitucional de rendas.

Presidida pelo Dr. *Luiz Simões Lopes,* Presidente da Comissão de Reforma do Ministério da Fazenda e da Fundação Getúlio Vargas, e composta dos doutores *Rubens Gomes de Souza,* Relator, *Gerson Augusto da Silva,* Secretário-Executivo, *Sebastião Santana e Silva, Gilberto de Ulhôa Canto* e *Mário Simonsen,* Membros, a referida Comissão desincumbiu-se da tarefa em duas fases.

A primeira encerrou-se com a entrega ao Ministro da Fazenda, em 18 de junho de 1965, de um anteprojeto de emenda constitucional dividido em duas proposituras, designadas A e B, e acompanhado do relatório em que se expunham e justificavam as medidas recomendadas.

A Comissão de Reforma do Ministério da Fazenda divulgou amplamente êsse documento, incluindo-o na série de suas publicações, sob o título *Reforma da Discriminação Constitucional de Rendas* (Anteprojeto) e o número 6.

A segunda fase consistiu na revisão do projeto original à luz das críticas suscitadas e sugestões apresentadas pelos setores governamentais, pelas classes produtoras, entidades culturais e pessoas versadas na matéria.

Uma vez examinadas as críticas e sugestões recebidas, aceitando algumas e rejeitando outras, a Comissão deu por finda a sua tarefa ao apresentar ao Ministro da Fazenda, em 30 de outubro de 1965, um anteprojeto revisto de Emendas Constitucionais A e B, igualmente expostas e justificadas em relatório complementar.

Com algumas modificações introduzidas pelos Ministros da Fazenda e do Planejamento, o projeto revisto de Emenda B foi encaminhado ao Congresso Nacional pelo Chefe do Poder Executivo, juntamente com a Mensagem Presidencial n.º 21, de 4 de novembro de 1965, e a Exposição de Motivos do Ministro da Fazenda.

Relatada em Comissão Mista do Congresso Nacional pelo Deputado Raimundo Padilha, a propositura foi aprovada pelo Congresso, com algumas alterações, e promulgada a 1.º de dezembro de 1965 pelas Mesas da Câmara dos Deputados e do Senado Federal, convertendo-se, assim, na Emenda Constitucional n.º 18.

A superveniência do Ato Institucional n.º 2 tornou insubsistente o projeto de Emenda Constitucional A.

Ao reunir na presente publicação o texto promulgado e os documentos preliminares acima referidos, a Comissão de Reforma do Ministério da Fazenda tem em mira dois objetivos: primeiro, registrar as diferentes etapas por que passou o projeto, culminando, finalmente, na reforma tributária nacional; segundo, contribuir para os trabalhos ainda necessários à sua implementação.

XII

ÍNDICE

Apresentação	XI
EMENDA CONSTITUCIONAL Nº 18	5
CAPÍTULO I — Disposições Gerais	5
CAPÍTULO II — Dos Impostos	6
Seção I — Disposições Gerais	6
Seção II — Impostos Sôbre o Comércio Exterior	7
Seção III — Impostos sôbre o Patrimônio e a Renda	7
Seção IV — Impostos Sôbre a Produção e a Circulação	8
Seção V — Impostos Especiais	9
CAPÍTULO III — Das Taxas	9
CAPÍTULO IV — Das Contribuições de Melhoria	10
CAPÍTULO V — Das Distribuições de Receitas Tributárias	10
CAPÍTULO VI — Disposições Finais e Transitórias	11
DISPOSIÇÕES CONSTITUCIONAIS REVOGADAS OU SUBSTITUÍDAS	15
Constituição da República dos Estados Unidos do Brasil	15
Emenda Constitucional nº 3	18
Emenda Constitucional nº 5	18
Emenda Constitucional nº 10	21

ANEXO I

PRIMEIRO RELATÓRIO DA COMISSÃO	27
1. *Orientação Geral*	29
Crítica do Sistema Vigente	29
Premissas da Reforma	30
Espírito da Reforma	31
Técnica Adotada	32
2. *Normas Legislativas*	33
Leis Complementares	33
Resoluções do Senado Federal	35
Delegações Legislativas	35

3. *Normas Tributárias* 37

Disposições Gerais 37

Dos Impostos 41

Disposições Gerais 41

Impostos Sôbre o Comércio Exterior 43

Impostos Sôbre o Patrimônio e a Renda 43

Impostos Sôbre a Produção e a Circulação 47

Impostos Especiais 52

Taxas e Contribuições de Melhoria 54

4. *Distribuições de Receitas Tributárias* 54

5. *Disposições Finais e Transitórias* 57

PROJETO ORIGINAL DE EMENDA CONSTITUCIONAL "A" .. 67

PROJETO ORIGINAL DE EMENDA CONSTITUCIONAL "B" .. 71

CAPÍTULO I — Disposições Gerais 71

CAPÍTULO II — Dos Impostos 72

Seção I — Disposições Gerais 72

Seção II — Impostos Sôbre o Comércio Exterior 73

Seção III — Impostos Sôbre o Patrimônio e a Renda 73

Seção IV — Impostos Sôbre a Produção e a Circulação 74

Seção V — Impostos Especiais 75

CAPÍTULO III — Das Taxas 76

CAPÍTULO IV — Das Contribuições de Melhoria 76

CAPÍTULO V — Das Distribuições de Receitas Tributárias 76

CAPÍTULO VI — Disposições Finais e Transitórias 78

ANEXO II

SEGUNDO RELATÓRIO DA COMISSÃO 83

Considerações Gerais 83

Sistemática do Anteprojeto 85

Leis Complementares 86

Resoluções do Senado Federal 87

Composição do Sistema 88

Limitações Constitucionais 90

Impostos em Geral 91

Impostos Sôbre o Comércio Exterior 92

Impostos Sôbre o Patrimônio e a Renda 92

Impostos Sôbre a Produção e a Circulação 93

Impostos Especiais 96

XIV

Taxas 97

Contribuições de Melhoria 98

Redistribuições de Receitas Tributárias 98

Disposições Transitórias e Finais 100

Conclusão 100

PROJETO REVISTO DE EMENDA CONSTITUCIONAL "A" 103

PROJETO REVISTO DE EMENDA CONSTITUCIONAL "B" 107

CAPÍTULO I — Disposições Gerais 107

CAPÍTULO II — Dos Impostos 108

    Seção I — Disposições Gerais 108

    Seção II — Impostos Sôbre o Comércio Exterior 109

    Seção III — Impostos Sôbre o Patrimônio e a Renda 109

    Seção IV — Impostos Sôbre a Produção e a Circulação 110

    Seção V — Impostos Especiais 111

CAPÍTULO III — Das Taxas 111

CAPÍTULO IV — Das Contribuições de Melhoria 112

CAPÍTULO V — Das Distribuições de Receitas Tributárias 112

CAPÍTULO VI — Disposições Finais e Transitórias 113

ANEXO III

MENSAGEM DO PRESIDENTE DA REPÚBLICA AO CONGRESSO NACIONAL 119

PROJETO DE EMENDA CONSTITUCIONAL Nº 8, DE 1965 123

CAPÍTULO I — Disposições Gerais 123

CAPÍTULO II — Dos Impostos 124

    Seção I — Disposições Gerais 124

    Seção II — Impostos Sôbre o Comércio Exterior 124

    Seção III — Impostos Sôbre o Patrimônio e a Renda 125

    Seção IV — Impostos Sôbre a Produção e a Circulação 125

    Seção V — Impostos Especiais 127

CAPÍTULO III — Das Taxas 127

CAPÍTULO IV — Das Contribuições de Melhoria 127

CAPÍTULO V — Das Distribuições de Receitas Tributárias 128

CAPÍTULO VI — Disposições Finais e Transitórias 129

EXPOSIÇÃO DE MOTIVOS DO MINISTRO DA FAZENDA 133

INDICE ANALÍTICO 143

XV

REFORMA
TRIBUTÁRIA
NACIONAL

Emenda Constitucional n.º 18

AS MESAS DA CÂMARA DOS DEPUTADOS E DO SENADO FEDERAL promulgam, nos têrmos do art. 217, § 4.º da Constituição, a seguinte Emenda Constitucional:

CAPÍTULO I

DISPOSIÇÕES GERAIS

Art. 1.º O sistema tributário nacional compõe-se de impostos, taxas e contribuições de melhoria, e é regido pelo disposto nesta Emenda, em leis complementares, em resoluções do Senado Federal, e, nos limites das respectivas competências, em lei federal, estadual ou municipal.

Art. 2.º É vedado à União, aos Estados, ao Distrito Federal e aos Municípios:

I — instituir ou majorar tributo sem que a lei o estabeleça, ressalvados os casos previstos nesta Emenda;

II — cobrar impôsto sôbre o patrimônio e a renda, com base em lei posterior à data inicial do exercício financeiro a que corresponda;

III — estabelecer limitações ao tráfego, no território nacional, de pessoas ou mercadorias, por meio de tributos interestaduais ou intermunicipais;

IV — cobrar impostos sôbre:

   a) o patrimônio, a renda ou os serviços uns dos outros;

   b) templos de qualquer culto;

   c) o patrimônio, a renda ou serviços de Partidos políticos e de instituições de educação ou de assistência

5

social, observados os requisitos fixados em lei complementar;

d) o papel destinado exclusivamente à impressão de jornais, periódicos e livros.

§ 1.º O disposto na letra *a* do n.º IV é extensivo às autarquias, tão-sòmente no que se refere ao patrimônio, à renda ou aos serviços vinculados às suas finalidades essenciais, ou delas decorrentes.

§ 2.º O disposto na letra *a* do n.º IV não é extensivo aos serviços públicos concedidos, cujo tratamento tributário é estabelecido pelo poder concedente no que se refere aos tributos de sua competência, ressalvados os serviços públicos federais concedidos, cuja isenção geral de tributos pode ser instituída pela União, por meio de lei especial e tendo em vista o interêsse comum.

Art. 3.º É vedado:

I — à União, instituir tributo que não seja uniforme em todo o território nacional, ou que importe distinção ou preferência em favor de determinado Estado ou Município;

II — aos Estados, ao Distrito Federal e aos Municípios, estabelecer diferença tributária entre bens de qualquer natureza, em razão da sua procedência ou do seu destino.

Art. 4.º Sòmente a União, em casos excepcionais definidos em lei complementar, poderá instituir empréstimos compulsórios.

CAPÍTULO II

DOS IMPOSTOS

Seção I

Disposições Gerais

Art. 5.º Os impostos componentes do sistema tributário nacional são exclusivamente os que constam desta Emenda, com as competências e limitações nela previstas.

Art. 6.º Competem:

I — ao Distrito Federal e aos Estados não divididos em Municípios, cumulativamente, os impostos atribuídos aos Estados e aos Municípios;

II — à União, nos Territórios Federais, os impostos atribuídos aos Estados, e, se aquêles não forem divididos em Municípios, cumulativamente os atribuídos a êstes.

Seção II

Impostos sôbre o Comércio Exterior

Art. 7.º   Compete à União:

I — o impôsto sôbre a importação de produtos estrangeiros;

II — o impôsto sôbre a exportação, para o estrangeiro, de produtos nacionais ou nacionalizados.

§ 1.º   O Poder Executivo pode, nas condições e nos limites estabelecidos em lei, alterar as alíquotas ou as bases de cálculo dos impostos a que se refere êste artigo, a fim de ajustá-los aos objetivos da política cambial e de comércio exterior.

§ 2.º   A receita líquida do impôsto a que se refere o n.º II dêste artigo destina-se à formação de reservas monetárias, na forma da lei.

Seção III

Impostos sôbre o Património e a Renda

Art. 8.º   Competem à União:

I — o impôsto sôbre a propriedade territorial rural;

II — o impôsto sôbre a renda e proventos de qualquer natureza.

Art. 9.º   Compete aos Estados o impôsto sôbre a transmissão, a qualquer título, de bens imóveis por natureza ou por cessão física, como definidos em lei, e de direitos reais sôbre imóveis, exceto os direitos reais de garantia.

§ 1.º   O impôsto incide sôbre a cessão de direitos relativos à aquisição dos bens referidos neste artigo.

§ 2.º   O impôsto não incide sôbre a transmissão dos bens ou direitos referidos neste artigo, para sua incorporação ao capital de pessoas jurídicas, salvo o daquelas cuja atividade preponderante, como definida em lei complementar, seja a venda ou a locação da propriedade imobiliária ou a cessão de direitos relativos à sua aquisição.

§ 3.º   O impôsto compete ao Estado da situação do imóvel sôbre que versar a mutação patrimonial, mesmo que esta decorra de sucessão aberta no estrangeiro.

§ 4.º   A alíquota do impôsto não excederá os limites fixados em resolução do Senado Federal, nos têrmos do disposto em lei complementar, e o seu montante será dedutível do devido à União, a título do impôsto de que trata o art. 8.º, n.º II, sôbre o provento decorrente da mesma transmissão.

Art. 10. Compete aos Municípios o impôsto sôbre a propriedade predial e territorial urbana.

Seção IV

Impostos sôbre a Produção e a Circulação

Art. 11. Compete à União o impôsto sôbre produtos industrializados.

Parágrafo único. O impôsto é seletivo em função da essencialidade dos produtos, e não-cumulativo, abatendo-se, em cada operação, o montante cobrado nas anteriores.

Art. 12. Compete aos Estados o impôsto sôbre operações relativas à circulação de mercadorias, realizadas por comerciantes, industriais e produtores.

§ 1.º A alíquota do impôsto é uniforme para tôdas as mercadorias, não excedendo, nas operações que as destinem a outro Estado, o limite fixado em resolução do Senado Federal, nos têrmos do disposto em lei complementar.

§ 2.º O impôsto é não-cumulativo, abatendo-se, em cada operação, nos têrmos do disposto em lei complementar, o montante cobrado nas anteriores, pelo mesmo ou por outro Estado, e não incidirá sôbre a venda a varejo, diretamente ao consumidor, de gêneros de primeira necessidade, definidos como tais por ato do Poder Executivo Estadual.

Art. 13. Compete aos Municípios cobrar o impôsto referido no artigo anterior, com base na legislação estadual a êle relativa, e por alíquota não superior a 30% (trinta por cento) da instituída pelo Estado.

Parágrafo único. A cobrança prevista neste artigo é limitada às operações ocorridas no território do Município, mas independente da efetiva arrecadação, pelo Estado, do impôsto a que se refere o artigo anterior.

Art. 14. Compete à União o impôsto:

I — sôbre operações de crédito, câmbio e seguro, e sôbre operações relativas a títulos e valôres mobiliários;

II — sôbre serviços de transportes e comunicações, salvo os de natureza estritamente municipal.

§ 1.º O Poder Executivo pode, nas condições e nos limites estabelecidos em lei, alterar as alíquotas ou as bases do cálculo do impôsto, nos casos do n.º I dêste artigo, a fim de ajustá-lo aos objetivos da política monetária.

§ 2.º A receita líquida do impôsto, nos casos do n.º I dêste artigo, destina-se à formação de reservas monetárias.

Art. 15. Compete aos Municípios o impôsto sôbre serviços de qualquer natureza, não compreendidos na competência tributária da União e dos Estados.

Parágrafo único. Lei complementar estabelecerá critérios para distinguir as atividades a que se refere êste artigo das previstas no art. 12.

Seção V

Impostos Especiais

Art. 16. Compete à União o impôsto sôbre:

I — produção, importação, circulação, distribuição ou consumo de combustíveis e lubrificantes líquidos ou gasosos de qualquer origem ou natureza;

II — produção, importação, distribuição ou consumo de energia elétrica;

III — produção, circulação ou consumo de minerais do País.

Parágrafo único. O impôsto incide uma só vez, sôbre uma dentre as operações previstas em cada inciso dêste artigo e exclui quaisquer outros tributos, sejam quais forem sua natureza ou competência, incidentes sôbre aquelas operações.

Art. 17. Compete à União, na iminência ou no caso de guerra externa, instituir, temporàriamente, impostos extraordinários, compreendidos ou não na enumeração constante dos artigos 8.º a 16, suprimidos, gradativamente, no prazo máximo de cinco anos, contados da celebração da paz.

CAPÍTULO III

DAS TAXAS

Art.18. Compete à União, aos Estados, ao Distrito Federal e aos Municípios, no âmbito de suas respectivas atribuições, cobrar taxas em função do exercício regular do poder de polícia, ou pela utilização, efetiva ou potencial, de serviços públicos específicos e divisíveis prestados ao contribuinte ou postos à sua disposição.

Parágrafo único. As taxas não terão base de cálculo idêntica à que corresponda a impôsto referido nesta Emenda.

CAPÍTULO IV

DAS CONTRIBUIÇÕES DE MELHORIA

Art. 19. Compete à União, aos Estados, ao Distrito Federal e aos Municípios, no âmbito de suas respectivas atribuições, cobrar contribuição de melhoria para fazer face ao custo de obras públicas de que decorra valorização imobiliária, tendo como limite total a despesa realizada e como limite individual o acréscimo de valor que da obra resultar para cada imóvel beneficiado.

CAPÍTULO V

DAS DISTRIBUIÇÕES DE RECEITAS TRIBUTÁRIAS

Art. 20. Serão distribuídos pela União:

I — aos Municípios da localização dos imóveis, o produto da arrecadação do impôsto a que se refere o art. 8.º, n.º I;

II — aos Estados e aos Municípios, o produto da arrecadação, na fonte, do impôsto a que se refere o art. 8.º, n.º II, incidente sôbre a renda das obrigações de sua dívida pública e sôbre os proventos dos seus servidores e dos de suas autarquias.

Parágrafo único. As autoridades arrecadadoras dos tributos a que se refere êste artigo farão entrega, aos Estados e Municípios, das importâncias recebidas correspondentes a êstes impostos, à medida em que forem sendo arrecadadas, independentemente da ordem das autoridades superiores, em prazo não maior de trinta dias, a contar da data do recolhimento dos mesmos tributos, sob pena de demissão.

Art. 21. Do produto da arrecadação dos impostos a que se referem o art. 8.º, n.º II, e o art. 11, 80% (oitenta por cento) constituem receita da União e o restante distribuir-se-á à razão de 10% (dez por cento) ao Fundo de Participação dos Estados e do Distrito Federal, e 10% (dez por cento) ao Fundo de Participação dos Municípios.

§ 1.º A aplicação dos Fundos previstos neste artigo será regulada por lei complementar, que cometerá ao Tribunal de Contas da União o cálculo e a autorização orçamentária ou de qualquer outra formalidade, efetuando-se a entrega, mensalmente, através dos estabelecimentos oficiais de créditos.

§ 2.º   Do total recebido nos têrmos do parágrafo anterior, cada entidade participante destinará obrigatòriamente 50% (cinqüenta por cento), pelo menos, ao seu orçamento de capital.

§ 3.º   Para os efeitos de cálculo da percentagem destinada aos Fundos de Participação exclui-se, do produto da arrecadação do impôsto a que se refere o art. 8.º, n.º II, a parcela distribuída nos têrmos do art. 20, n.º II.

Art. 22.   Sem prejuízo do disposto no art. 21, os Estados e Municípios que celebrem com a União convênios destinados a assegurar ampla e eficiente coordenação dos respectivos programas de investimentos e serviços públicos, especialmente no campo da política tributária, poderão participar de até 10% (dez por cento) da arrecadação efetuada, nos respectivos territórios, proveniente do impôsto referido no art. 8.º, n.º II, incidente sôbre o rendimento das pessoas físicas, e no art. 11, excluído o incidente sôbre fumo e bebidas alcoólicas.

Art. 23.   Do produto da arrecadação do impôsto a que se refere o art. 16 serão distribuídos aos Estados, ao Distrito Federal e aos Municípios 60% (sessenta por cento) do que incidir sôbre operações relativas a combustíveis, lubrificantes e energia elétrica, e 90% (noventa por cento) do que incidir sôbre operações relativas a minerais do País.

Parágrafo único.   A distribuição prevista neste artigo será regulada em resolução do Senado Federal, nos têrmos do disposto em lei complementar, proporcionalmente à superfície, à produção e ao consumo, nos respectivos territórios, dos produtos a que se refere o impôsto.

Art. 24.   A lei federal pode cometer aos Estados, ao Distrito Federal, ou aos Municípios o encargo de arrecadar os impostos de competência da União, cujo produto lhes seja distribuído no todo ou em parte.

Parágrafo único.   O disposto neste artigo aplica-se à arrecadação dos impostos de competência dos Estados, cujo produto êstes venham a distribuir, no todo ou em parte, aos respectivos Municípios.

CAPÍTULO VI

DISPOSIÇÕES FINAIS E TRANSITÓRIAS

Art. 25.   Ressalvado o disposto no art. 26 e seus parágrafos, ficam revogados ou substituídos pelas disposições desta Emenda o art. 15 e seus parágrafos, o art. 21, o § 4.º do art. 26, o art. 27, o art. 29 e seu parágrafo único, os n.ºs I e II do art. 30 e seu parágrafo único, o art. 32, o § 34 do art. 141, o art. 202 e o art. 203 da Constituição, o art. 5.º da Emenda Constitucional n.º 3, a Emenda Constitucional n.º 5 e os artigos 2.º e 3.º da Emenda Constitucional n.º 10.

Art. 26. Os tributos de competência da União, dos Estados, do Distrito Federal e dos Municípios, vigentes à data da promulgação desta Emenda, salvo o impôsto de exportação, poderão continuar a ser cobrados até 31 de dezembro de 1966, devendo, nesse prazo, ser revogados, alterados ou substituídos por outros, na conformidade do disposto nesta Emenda.

§ 1.º A lei complementar poderá estabelecer que as alterações e substituições tributárias, na conformidade do disposto nesta Emenda, entrem gradualmente em vigor nos exercícios de 1967, 1968 e 1969.

§ 2.º O art. 20 da Constituição ficará revogado, em relação a cada Estado, na data da entrada em vigor da lei que nêle instituir o impôsto previsto no art. 12 desta Emenda.

§ 3.º Entrará em vigor a 1.º de janeiro do ano seguinte ao da promulgação desta Emenda o disposto no artigo 7.º, n.º II, no seu § 2.º e, quanto ao impôsto de exportação, o previsto no seu § 1.º.

Art. 27. São extensivos à Região Amazônica todos os incentivos fiscais, favores creditícios e demais vantagens concedidas pela legislação à Região Nordeste do Brasil.

Brasília, 1 de dezembro de 1965

A MESA DA CAMARA DOS DEPUTADOS	A MESA DO SENADO
Bilac Pinto Presidente	**Auro Moura Andrade** Presidente
Batista Ramos 1º Vice-Presidente	**Camilo Nogueira da Gama** Vice-Presidente
Mário Gomes 2º Vice-Presidente	**Dinarte Mariz** 1º Secretário
Nilo Coelho 1º Secretário	**Adalberto Sena** 2º Secretário em exercício
Henrique La Roque 2º Secretário	**Catette Pinheiro** 3º Secretário em exercício
Emílio Gomes 3º Secretário	**Guido Mondim** 4º Secretário em exercício
Nogueira de Rezende 4º Secretário	

Disposições constitucionais revogadas ou substituídas

CONSTITUIÇÃO DA REPÚBLICA
DOS ESTADOS UNIDOS DO BRASIL

....

Art. 15. Compete à União decretar impostos sôbre:

I — importação de mercadorias de procedência estrangeira;

II — consumo de mercadorias;

III — produção, comércio, distribuição e consumo, e bem assim importação e exportação de lubrificantes e de combustíveis líquidos ou gasosos de qualquer origem ou natureza, estendendo-se êsse regime, no que fôr aplicável, aos minerais do país e à energia elétrica;

IV — renda e proventos de qualquer natureza;

V — transferência de fundos para o exterior;

VI — negócios de sua economia, atos e instrumentos regulados por lei federal;

VII — propriedade territorial rural. (¹)

§ 1.º São isentos do impôsto de consumo os artigos que a lei classificar como o mínimo indispensável à habitação, vestuário, alimentação e tratamento médico das pessoas de restrita capacidade econômica.

§ 2.º A tributação de que trata o n.º III terá a forma de impôsto único, que incidirá sôbre cada espécie de produto. Da renda resultante, sessenta por cento no mínimo serão entregues aos Estados, ao Distrito Federal e aos Municípios, proporcionalmente à sua superfície, população, consumo e produção, nos têrmos e para os fins estabelecidos em lei federal.

§ 3.º A União poderá tributar a renda das obrigações da dívida pública estadual ou municipal e os proventos dos agentes dos Estados e dos Municípios; mas não poderá fazê-lo em limites superiores aos

---

1) O inciso VII foi acrescentado pela Emenda Constitucional nº 10, de 9 de novembro de 1964.

que fixar para as suas próprias obrigações e para os proventos dos seus próprios agentes.

§ 4.º A União entregará aos municípios 10% (dez por cento) do total que arrecadar do impôsto de que trata o n.º II, efetuada a distribuição em partes iguais, e fazendo-se o pagamento de modo integral, de uma só vez, a cada município, durante o quarto trimestre de cada ano. (²)

§ 5.º A União entregará igualmente aos municípios 15% (quinze por cento) do total que arrecadar do impôsto de que trata o n.º IV, feita a distribuição em partes iguais, devendo o pagamento a cada município ser feito integralmente, de uma só vez, durante o terceiro trimestre de cada ano. (³)

§ 6.º Metade, pelo menos, da importância entregue aos municípios, por efeito do disposto no § 5.º, será aplicado em benefícios de ordem rural. Para os efeitos dêste parágrafo, entende-se por benefício de ordem rural todo o serviço que for instalado ou obra que fôr realizada com o objetivo de melhoria das condições econômicas, sociais, sanitárias ou culturais das populações das zonas rurais. (⁴)

§ 7.º Não se compreendem nas disposições do n.º VI os atos jurídicos ou os seus instrumentos, quando incluídos na competência tributária estabelecida nos arts. 19 e 29. (⁵)

§ 8.º Na iminência ou no caso de guerra externa, é facultado à União decretar impostos extraordinários, que não serão partilhados na forma do art. 21 e que deverão suprimir-se gradualmente, dentro em cinco anos, contados da data da assinatura da paz. (⁶)

§ 9.º O produto da arrecadação do impôsto territorial rural será entregue, na forma da lei, pela União aos Municípios onde estejam localizados os imóveis sôbre os quais incida a tributação. (⁷)

. . . .

Art. 20. Quando a arrecadação estadual de impostos, salvo a do impôsto de exportação, exceder, em Município que não seja o da capital, o total das rendas locais de qualquer natureza, o Estado dar-lhe-á anualmente trinta por cento do excesso arrecadado.

---

2) Redação dada pela Emenda Constitucional nº 5, de 21 de novembro de 1961.

3) Idem.

4) Idem.

5) O § 7º foi acrescentado ao art. 15 pela Emenda Constitucional nº 5, de 21 de novembro de 1961.

6) O § 8º foi acrescentado ao art. 15 pela Emenda Constitucional nº 5, de 21 de novembro de 1961.

7) O § 9º foi acrescentado ao art. 15 pela Emenda Constitucional nº 10, de 9 de novembro de 1964.

Art. 21. A União e os Estados poderão decretar outros tributos além dos que lhes são atribuídos por esta Constituição, mas o impôsto federal excluirá o estadual idêntico. Os Estados farão a arrecadação de tais impostos e, à medida que ela se efetuar, entregagarão vinte por cento do produto à União e quarenta por cento aos Municípios onde se tiver realizado a cobrança.

. . . .

Art. 26 . . . .

§ 4.º Ao Distrito Federal cabem os mesmos impostos atribuídos por esta Constituição aos Estados e aos Municípios.

Art. 27. É vedado à União, aos Estados, ao Distrito Federal e aos Municípios estabelecer limitações ao tráfego de qualquer natureza por meio de tributos interestaduais ou intermunicipais, ressalvada a cobrança de taxas, inclusive pedágio, destinada exclusivamente à indenização das despesas de construção, conservação e melhoramento de estradas.

. . . .

Art. 29. Além da renda que lhes é atribuída por fôrça dos §§ 2.º, 4.º, 5.º e 9.º do art. 15, e dos impostos que, no todo ou em parte, lhes forem transferidos pelo Estado, pertencem aos Municípios os impostos: [8]

I — sôbre propriedade territorial urbana; [9]

II — predial; [10]

III — sôbre transmissão de propriedade imobiliária *inter vivos* e sua incorporação ao capital de sociedades; [11]

IV — de licenças; [12]

V — de indústrias e profissões; [13]

VI — sôbre diversões públicas; [14]

VII — sôbre atos de sua economia ou assuntos de sua competência. [15]

---

8) Redação dada pela Emenda Constitucional nº 10, de 9 de novembro de 1964.
9) Idem.
10) Redação dada pela Emenda Constitucional nº 5, de 21 de novembro de 1961.
11) Idem.
12) Idem.
13) Idem.
14) Inciso acrescentado ao art. 15 pela Emenda Constitucional nº 5, de 21 de novembro de 1961.
15) Idem.

Parágrafo único. O impôsto territorial rural não incidirá sôbre sítios de área não excedente a vinte hectares, quando os cultive, só ou com sua família, o proprietário. (16)

Art. 30. ....

I — contribuição de melhoria, quando se verificar valorização do imóvel, em conseqüência de obras públicas;

. II — taxas;

....

Parágrafo único. A contribuição de melhoria não poderá ser exigida em limites superiores à despesa realizada, nem ao acréscimo de valor que da obra decorrer para o imóvel beneficiado.

....

Art. 32. Os Estados, o Distrito Federal e os Municípios não poderão estabelecer diferença tributária, em razão da procedência, entre bens de qualquer natureza.

....

Art. 141. ....

§ 34. Nenhum tributo será exigido ou aumentado sem que a lei o estabeleça; nenhum será cobrado em cada exercício sem prévia autorização orçamentária, ressalvada, porém, a tarifa aduaneira e o impôsto lançado por motivo de guerra.

....

Art. 202. Os tributos terão caráter pessoal sempre que isso fôr possível, e serão graduados conforme a capacidade econômica do contribuinte.

Art. 203. Nenhum impôsto gravará diretamente os direitos de autor, nem a remuneração de professôres e jornalistas, excetuando-se da isenção os impostos gerais (art. 15, n.º IV). (17)

....

EMENDA CONSTITUCIONAL N.º 3

....

Art. 5.º Aos Estados que, depois de 18 de setembro de 1946, se constituírem sem município, em razão de peculiaridades locais, são atribuídos também os impostos previstos no art. 29.

....

16) Idem.
17) Redação dada pela Emenda Constitucional nº 9, de 22 de julho de 1964.

EMENDA CONSTITUCIONAL N.º 5

Institui nova discriminação de rendas em favor dos municípios brasileiros.

Redijam-se assim os seguintes parágrafos do art. 15:

§ 4.º A União entregará aos municípios 10% (dez por cento) do total que arrecadar do impôsto de que trata o n.º II, efetuada a distribuição em partes iguais, e fazendo-se o pagamento de modo integral, de uma só vez, a cada município, durante o quarto trimestre de cada ano.

§ 5.º A União entregará igualmente aos municípios 15% (quinze por cento) do total que arrecadar do impôsto de que trata o n.º IV, feita a distribuição em partes iguais, devendo o pagamento a cada município ser feito integralmente, de uma só vez, durante o terceiro trimestre de cada ano.

§ 6.º Metade, pelo menos, da importância entregue aos municípios, por efeito do disposto no § 5.º, será aplicada em benefício de ordem rural. Para os efeitos dêste parágrafo, entende-se por benefício de ordem rural todo o serviço que fôr instalado ou obra que fôr realizada com o objetivo de melhoria das condições econômicas, sociais, sanitárias ou culturais das populações das zonas rurais.

§ 7.º Não se compreendem nas disposições do n.º VI os atos jurídicos ou os seus instrumentos, quando incluídos na competência tributária estabelecida nos arts. 19 e 29.

§ 8.º Na iminência ou no caso de guerra externa, é facultado à União decretar impostos extraordinários, que não serão partilhados na forma do art. 21 e que deverão suprimir-se gradualmente, dentro em cinco anos, contados da data da assinatura da paz.

Redija-se assim o art. 19:

Art. 19. Compete aos Estados decretar impostos sôbre:

I — transmissão de propriedade *causa mortis;*

II — vendas e consignações efetuadas por comerciantes e produtores, inclusive industriais, isenta, porém, a primeira operação do pequeno produtor, conforme o definir a lei estadual;

III — exportação de mercadorias de sua produção para o estrangeiro, até o máximo de 5% (cinco por cento) *ad valorem* vedados quaisquer adicionais;

IV — os atos regulados por lei estadual, os do serviço de sua justiça e os negócios de sua economia.

§ 1.º O impôsto sôbre transmissão *causa mortis* de bens corpóreos cabe ao Estado em cujo território êstes se achem situados.

§ 2.º O impôsto sôbre transmissão *causa mortis* de bens corpóreos, inclusive títulos e créditos pertence, ainda quando a sucessão se tenha aberto no estrangeiro, ao Estado em cujo território os valôres da herança forem liquidados ou transferidos aos herdeiros.

§ 3.º Os Estados não poderão tributar títulos da dívida pública emitidos por outras pessoas jurídicas de direito público interno, em limite superior ao estabelecido para as suas próprias obrigações.

§ 4.º O impôsto sôbre vendas e consignações será uniforme, sem distinção de procedência ou destino.

§ 5.º Em caso excepcional, o Senado Federal poderá autorizar o aumento por determinado tempo, do impôsto de exportação, até o máximo de 10% (dez por cento) *ad valorem*.

Redija-se assim o art. 29:

Art. 29. Além da renda que lhes é atribuída por fôrça dos §§ 2.º, 4.º e 5.º do art. 15, e dos impostos que, no todo ou em parte, lhes forem transferidos pelo Estado, pertencem aos municípios os impostos:

I — sôbre propriedade territorial urbana e rural;

II — predial;

III — sôbre transmissão de propriedade imobiliária *inter vivos* e sua incorporação ao capital de sociedades;

IV — de licenças;

V — de indústrias e profissões;

VI — sôbre diversões públicas;

VII — sôbre atos de sua economia ou assuntos de sua competência.

Parágrafo único. O impôsto territorial rural não incidirá sôbre sítios de área não excedente a vinte hectares, quando os cultive, só ou com sua família, o proprietário.

Brasília, 21 de novembro de 1961.

EMENDA CONSTITUCIONAL N.º 10

. . . .

Art. 2.º O art. 15 é acrescido do item e parágrafo seguintes:

"Art. 15. Compete à União decretar impostos sôbre:

. . . .

VII — Propriedade territorial rural.

§ 9.º O produto da arrecadação do impôsto territorial rural será entregue, na forma da lei, pela União aos Municípios onde estejam localizados os imóveis sôbre os quais incida a tributação."

Art. 3.º O art. 29 da Constituição e o seu inciso I passam a ter a seguinte redação:

"Art. 29. Além da renda que lhes é atribuída por fôrça dos §§ 2.º, 4.º, 5.º e 9.º do art. 15, e dos impostos que, no todo ou em parte, lhes forem transferidos pelo Estado, pertencem aos Municípios os impostos:

I — Sôbre propriedade territorial urbana;"

. . . .

Anexo I

- PRIMEIRO RELATÓRIO DA COMISSÃO
- PROJETO ORIGINAL DE EMENDA CONSTITUCIONAL "A"
- PROJETO ORIGINAL DE EMENDA CONSTITUCIONAL "B"

PRIMEIRO RELATÓRIO DA COMISSÃO

Exmo. Snr. Dr.

Octávio Gouveia de Bulhões

Ministro de Estado dos Negócios da Fazenda.

A Portaria n.º GB-30, de 27 de janeiro de 1965, expedida por V. Exa. com o co-patrocínio do Exmo. Snr. Ministro Extraordinário para os Assuntos do Planejamento e Coordenação Econômica, criou esta Comissão e a incumbiu, nos têrmos de expressa recomendação do Exmo. Snr. Presidente da República, de elaborar um Anteprojeto de reforma da atual discriminação constitucional de rendas. Ao apresentar a V. Exa. o trabalho concluido, a Comissão pede licença a V. Exa. para justificá-lo pelas considerações que passa a expor.

1. ORIENTAÇÃO GERAL

Crítica do sistema vigente

1/1. A Comissão está convicta de que a causa principal dos defeitos, por demais conhecidos para serem aqui relembrados pormenorizadamente, de que padece a atual discriminação de rendas é o fato de o assunto ser tratado como problema jurídico e não econômico. Desde 1891 vem sendo seguido o critério, peculiar às Constituições brasileiras, de partilhar tributos designados por suas denominações jurídicas usuais, pôsto que nem sempre pacíficas para os próprios juristas. Êsse sistema tem provocado ou facilitado distorções econômicas, e mesmo problemas estritamente jurídicos, que o crescimento das necessidades financeiras do poder público, e a conseqüente complexidade e onerosidade dos tributos federais, estaduais e municipais sòmente tendem a agravar.

1/2. Exemplo desta afirmativa é a proliferação de figuras tributárias, concebidas em têrmos puramente jurídico-formais, com que os três governos têm procurado alargar o campo de suas competências e fortalecer o montante de suas arrecadações. Entretanto, êsses resultados, via de regra, sòmente são atingidos à custa da infração, mascarada com maior ou menor habilidade, porém conscientemente visada pelo legislador, das limitações impostas pela Constituição à própria competência impositiva ou à configuração legítima dos tributos nela contidos. Isto sem falarmos nas sobreposições de tributos, do mesmo ou de outro poder, econômicamente idênticos, e diferençados apenas pelas roupagens jurídicas de que o legislador os reveste. Pode-se mesmo dizer, sem exagêro, que existem hoje, no Brasil, mais tributos formalmente distintos que fatôres econômicos substancialmente aptos a servir de base à tributação.

1/3. Por outro lado, a Constituição, em seus arts. 15, 19 e 29, assenta a partilha tributária na conferência, à União, aos Estados e aos Municípios, de impostos privativos, colocados em três campos supostamente estanques e insuscetíveis de confusão. Entretanto, imperativos econômicos bem conhecidos, cuja atuação é possibilitada por distorções jurídicas igualmente notórias, solaparam aquela premissa básica do sistema, e a interpenetração dos campos privativos é hoje um fato que dispensa demonstração. Para êsse resultado

29

concorreu decididamente o critério formal e nominalista da discriminação de rendas, ensejando a deformação conceitual, tanto dos impostos privativos, como dos que legìtimamente caberiam no campo residual, imperfeitamente regulado no art. 21, como ainda das taxas, mencionadas de forma necessàriamente genérica no art. 30.

Premissas de reforma

1/4. Confrontada com êsse quadro, a Comissão procurou subordinar seus trabalhos a duas premissas que adotou como fundamentais. A primeira delas é a consolidação dos impostos de idênticas naturezas em figuras unitárias, definidas por via de referência às suas bases econômicas, antes que a uma das modalidades jurídicas que pudessem revestir. A segunda premissa é a concepção do sistema tributário como integrado no plano econômico e jurídico nacional, em substituição ao critério, atual e histórico, de origem essencialmente política, da coexistência de três sistemas tributários autônomos, federal, estadual e municipal.

1/5. Procurou-se dar à primeira premissa uma expressão prática enquadrando todos os impostos componentes do sistema tributário nacional em quatro grupos: o dos impostos sôbre o comércio exterior; o dos impostos sôbre o patrimônio e a renda; o dos impostos sôbre a produção e a circulação de bens; e, finalmente, o dos impostos especiais, que, por suas características técnicas ou pelo seu caráter extraordinário, transcendem os limites de cada um dos três primeiros grupos. Ainda para atuação da primeira premissa, suprimiu-se o campo residual, que hoje recolhe todos os impostos inominados, de quaisquer naturezas, mas que não teria razão de ser num sistema que, como o propósto, procura conter, nos quatro grupos que acabam de ser indicados, tôda a matéria econômica suscetível de tributação.

1/6. Já a premissa de conceber-se o sistema tributário no plano nacional, pôsto que inegàvelmente verdadeira, é necessàriamente mais ambiciosa, por transcender à divisão política do país em três níveis de govêrno. Quanto a ela, a Comissão reconhece que o seu trabalho representa apenas uma primeira aproximação, a ser aperfeiçoada e completada no futuro, à medida que o permitam o desenvolvimento das condições econômicas e a conseqüente evolução das idéias políticas. Seria, com efeito, obra de puro academismo pretender, num país como o Brasil, onde as condições econômicas, políticas, sociais e humanas ainda são extremamente diversificadas, realizar de um só golpe, no terreno necessàriamente pragmático da tributação, o ideal da unidade nacional no nível atingido em países de menor extensão territorial e maior uniformidade de desenvolvimento. Como qualquer outra lei, ou talvez mais que qualquer outra, a Constituição deve refletir a realidade, ao invés de pretender amoldá-la ou constrangê-la.

1/7. Sem embargo dessas ressalvas, a atuação da premissa foi procurada de diversas maneiras. Em primeiro lugar, a Comissão manteve e, quando necessário, reforçou as normas constantes do texto atual, que visam a assegurar, no campo tributário, a unidade econômica, política e jurídica do país, como as que proscrevem a tributação discriminatória e os entraves fiscais às atividades interestaduais e intermunicipais. Igual ou maior atenção mereceram as normas destinadas a impedir a formação de pontos de atrito entre os diferentes níveis de govêrno, ou a remover os que ocorram. Cabe exemplificar, neste passo, com o tratamento dado ao impôsto de exportação e ao impôsto sôbre a circulação mercantil, substitutivo do atual impôsto de vendas e consignações, que sabidamente funcionam hoje, principalmente o segundo, como armas de uma verdadeira guerra tributária entre Estados produtores e Estados consumidores.

Espírito da reforma

1/8. Não obstante êsse espírito que a animou, a Comissão antecipa que o seu trabalho será provàvelmente acusado de centralizador. Na realidade, porém, a distribuição proposta para os tributos federais, estaduais e municipais procurou observar rigorosamente a implantação recomendada pela natureza econômica e, quando pertinente, jurídica de cada um dêles, sem esquecer, também, as características políticas e as condições administrativas próprias de cada um dos três governos que integram a Federação. É certo que os impostos atribuídos à União são em maior número, mas ao crítico informado e equitativo não escaparão dois aspectos compensatórios dêsse aparente desajustamento.

1/9. O primeiro dêsses aspectos é, cumulativamente, econômico e jurídico. Assim, são mantidos no govêrno central, ou a êle devolvidos, em primeiro lugar, os impostos inseparáveis de atribuições que a Constituição lhe comete, como o de exportação, instrumento regulatório do comércio exterior. Em segundo lugar, vêm os impostos que, por suas características jurídicas ou pelos seus efeitos econômicos, são federais por natureza, como os que incidem sôbre atividades privadas de âmbito nacional. Finalmente, é o caso dos impostos, como o que incide sôbre a renda e os ganhos de capital, cuja eficiência, como meios de produção de receita ou de atuação extrafiscal, depende de uma legislação uniforme e sistemática e de uma administração centralizada.

1/10. O segundo dos aludidos aspectos compensatórios é, ao contrário, financeiro: um exame, mesmo perfunctório, dos dispositivos referentes à redistribuição das receitas tributárias mostrará que, ressalvada à União a receita necessária para atender a seus próprios encargos, os impostos federais têm, no sistema proposto, antes o caráter de tributos nacionais, de legislação uniforme e arrecadação centralizada, cujo produto é, porém, rateado com as demais entidades políticas por critérios, a um tempo, menos empíricos e mais seguros que os atualmente previstos quanto a apenas alguns impostos. Êste é, aliás, sòmente um detalhe de um dos problemas a que a Comissão dedicou esfôrço considerável. O atual sistema de participações na arrecadação é, com efeito, insatisfatório tanto no plano econômico-financeiro como no plano político-jurídico; as diretrizes observadas pela Comissão em sua tentativa de corrigir essas deficiências tiveram, portanto, de enfrentar o problema em todos êsses terrenos.

1/11. No plano econômico-financeiro, os defeitos do atual sistema cifram-se no empirismo da fixação das porcentagens a redistribuir e no critério antieconômico da sua redistribuição que, em conseqüência, pode até constituir-se, como no caso do art. 20, em fator desestimulante do desenvolvimento das próprias entidades beneficiadas. Neste particular, a Comissão valeu-se de dados estatísticos fornecidos pelo Ministério da Fazenda e pela Fundação Getúlio Vargas, para calcular de maneira mais próxima da realidade, e melhor justificada pela experiência, os montantes percentuais das redistribuições. Por outro lado, visou-se atribuir ao critério das redistribuições, sem prejuízo da garantia financeira dos governos beneficiados, a flexibilidade necessária ao seu reajustamento periódico às condições econômicas efetivamente existentes. Lançou-se mão, para isso, de uma combinação de duas modalidades legislativas, a lei complementar da Constituição e a resolução do Senado Federal, que, embora não novas, entretanto não tiveram até hoje a utilização a que se podem prestar.

Técnica adotada

1/12. Feita esta exposição preliminar das diretrizes básicas que nortearam seu trabalho, a Comissão passa a justificar, especìficamente, as disposições propostas, agrupadas, nos dois capítulos seguintes dêste relatório, sob os títulos "Normas Legislativas" e "Normas Tributárias". Cumpre, desde logo, justificar o oferecimento de duas Emendas, a primeira das quais, versando sôbre competência para legislar a elaboração legislativa, poderia até mesmo ser argüida de exceder as atribuições da Comissão.

1/13. O exame conjunto das duas Emendas, entretanto, mostra que elas são estreitamente ligadas e, mesmo, inseparáveis; e que as proposituras contidas na primeira são essenciais ao funcionamento do sistema proposto na segunda. Trata-se, na realidade, de uma proposição única, dividida em dois textos apenas por uma questão de técnica legislativa. Assim, as modificações a dispositivos já constantes da Constituição, propostas na Emenda "A", integrar-se-ão, uma vez aprovadas, ao texto atualmente em vigor. Já a Emenda "B", consolidando em forma sistemática, com as alterações nela propostas, tôda a matéria tributária hoje contida e que se conterá na Constituição, exigiria, para integrar-se ao seu texto, extensas transposições e renumeração de artigos, parágrafos, incisos e alíneas, com evidente dificuldade para o seu entendimento.

1/14. A Comissão considerou, por isso, preferível que a Emenda "B" se agregasse à Constituição, em lugar de nela inserir-se, e para tanto repetiu, naquela, os dispositivos desta que permanecem inalterados, revogando os textos atuais correspondentes, de modo que, de futuro, as citações possam ser feitas aos artigos da Emenda "B". Mas não é demais repetir que, a não ser por êsse aspecto formal, as duas Emendas propostas são inseparáveis, devendo, portanto, ser submetidas ao Congresso Nacional, e por êste apreciadas e votadas, conjuntamente, como partes integrantes, que são, de uma única propositura.

2. NORMAS LEGISLATIVAS

Leis complementares

2/1. O art. 1.º da Emenda "A" propõe aditar ao art. 5.º da Constituição, que define a competência da União, um nôvo inciso n.º XVI, relativo à expedição de leis complementares. Trata-se de disposição necessária à implementação de outra de alcance substancial, que adiante será justificada.

2/2. O art. 4.º da Emenda "A" acrescenta ao art. 65 da Constituição, referente às atribuições do Congresso Nacional, um inciso X, relativo às leis complementares, cuja expedição, pela União, foi prevista no inciso XVI, acrescentado ao art. 5.º da Constituição pelo art. 1.º da Emenda em exame.

2/3. A vigente Constituição de 1946, ao contrário da de 1891 (art. 34) e da de 1934 (art. 39), não faz referência expressa a leis complementares. Tratando amplamente o assunto, em trabalho publicado em 1947, no volume 7.º da "Revista de Direito Administrativo", Vitor Nunes Leal, hoje Ministro do Supremo Tribunal Federal, é categórico em afirmar que a omissão não autoriza a concluir pelo repúdio da figura legislativa, pois a própria Constituição, em vários dispositivos, refere-se a leis que, pelo seu conteúdo, têm, nitidamente, caráter complementar dela própria, e exemplifica com os arts. 15, § 4.º, 28, § 2.º, 88, 89, 92, 103, 141, § 36, n.º I e § 38, 148, 151, 153, 205 e 157, n.ᵒˢ IV e VI, além de vários artigos do

33

Ato das Disposições Transitórias. Se, como parece à Comissão, que assim o diz no inciso XVI que propõe acrescer ao art. 5.º da Constituição, se devam entender por complementares tôdas as leis necessárias para regular as condições de exercício de princípios ou direitos que a Constituição estabelece ou reconhece, é possível acrescentar ao elenco as leis por ela referidas em seus arts. 5.º, n.º XV, alíneas "b" e "d", 31 § único, 98, 105, 106, 116, 119, 122, §§ 4.º e 5.º, 125, 134, 141, §§ 24 e 31, 146, 147, 179, § 2.º, e 206.

2/4. Faltam, porém, na Constituição, normas capazes de situar as leis complementares na posição hieràrquicamente superior à das ordinárias, que lhes compete em sua qualidade de leis nacionais e não meramente federais, além de distingui-las formalmente destas. Para suprir essa lacuna, os arts. 1.º, 4.º, 5.º, 6.º e 7.º da Emenda "A" modificam os arts. 5.º, 65, 67, 68 e 69 da Constituição, para definir a matéria própria das leis complementares, a iniciativa da sua proposição e o processo da sua votação.

2/5. No tocante ao conteúdo próprio da lei complementar, o inciso XVI mandado acrescentar ao art. 5.º reserva a sua definição, como é lógico, em primeiro lugar à própria Constituição: o Congresso expedirá leis complementares nos casos nela previstos. Afora essa hipótese, o dispositivo citado prevê a expedição de leis complementares, de acôrdo com a conceituação há pouco referida, mas reserva ao Congresso Nacional, como preliminar da votação do respectivo projeto, qualquer que tenha sido a sua iniciativa, o juízo soberano quanto ao seu cabimento e à sua oportunidade. Fazendo, desde logo, uso da primeira dessas duas hipóteses, a Emenda "B" introduz na própria Constituição vários dispositivos determinando a expedição de leis complementares: são êles a alínea "c" do inciso IV do art. 2.º, o art. 3.º, o art. 5.º, os §§ 2.º e 4.º do art. 11, o inciso I do § único do art. 14, o art. 22, o parágrafo único do art. 23 e o art. 25. A justificativa dessas disposições da Emenda "B", feita, mais adiante, nos lugares apropriados, completará o que agora está sendo exposto acêrca do conceito e do alcance das leis complementares.

2/6. Para definir a iniciativa das leis complementares e regular o processo da sua votação, os novos textos sugeridos para os arts. 67, 68 e 69 da Constituição, pelo art. 5.º da Emenda "A", inspirou-se no que a própria Constituição dispõe no art. 217, quanto aos projetos de emendas ao seu texto. Assim, atribui-se a iniciativa ao Executivo, ou ao próprio Congresso, pela quarta parte dos membros de qualquer das suas casas, ou, ainda, a mais de metade das Assembléias Legislativas dos Estados, cada qual pela maioria de seus membros. Esta última hipótese de iniciativa justifica-se, desde logo, pelo caráter nacional, e não apenas federal, das leis complementares e, especìficamente, pelo fato de que, em vários casos, a lei complementar está prevista, na Emenda "B", para regulamentação das relações dos Estados entre si, ou com a União ou os Municípios, no interêsse da unidade nacional do sistema tributário. Por outro lado, à diferença das Emendas Constitucionais, as leis complementares não são promulgadas pelo Congresso Nacional: recaem, pois, na regra geral do art. 70 da Constituição, quanto à sanção e ao veto pelo Presidente da República.

Resoluções do Senado Federal

2/7. O art. 3.º da Emenda "A" propõe acrescentar ao art. 53 da Constituição um inciso III, cometendo ao Senado Federal a expedição das resoluções que sejam previstas em lei complementar. Entrosam-se, assim, as duas figuras legislativas, de que se vale, por sua vez, a Emenda "B", no § 5.º do art. 11, no inciso I do parágrafo único do art. 14, e no parágrafo único do art. 23, para emprestar ao sistema a necessária flexibilidade, sem prejuízo da sua certeza e da sua segurança.

2/8. A resolução do Senado Federal, como figura legislativa, não é nova: utiliza-se dela a Constituição vigente, no art. 64, porém limitadamente para suspensão da vigência de lei ou decreto declarado inconstitucional pelo Supremo Tribunal Federal. As novas utilizações agora propostas, além de assegurarem o resultado indicado no item anterior, são perfeitamente enquadráveis na competência constitucional e na própria configuração política e jurídica do Senado Federal. A Câmara Alta do Congresso Nacional, livre das injunções implícitas na representação proporcional, e tradicionalmente depositária do "poder moderador", é, com efeito, o órgão mais indicado para a função constitucional de ajustar a lei às condições econômicas atuantes, em um dado momento, em assunto que interesse simultâneamente a mais de um govêrno.

Delegações legislativas

2/9. O art. 2.º da Emenda "A" propõe modificação do § 2.º do art. 36 da Constituição, para ressalvar, da proibição, nêle contida, da delegação de atribuições de um poder a outro, as hipóteses do § 1º do art. 9º e do § 1.º do art. 15, ambos da Emenda "B". Êsses dispositivos da Emenda "B" autorizam o poder Executivo a, nas condições e nos limites estabelecidos em lei, alterar as alíquotas ou as bases de cálculo dos impostos sôbre o comércio exterior e do impôsto sôbre operações de crédito, câmbio, seguro e capitalização e sôbre operações relativas a títulos de valôres mobiliários, a fim de ajustar aquêles impostos aos objetivos da política cambial e de comércio exterior, no primeiro caso, e da política monetária, no segundo.

35

2/10. No direito tributário constitucional, a fixação das alíquotas ou das bases de cálculo dos tributos é, indubitàvelmente, matéria reservada à lei. Assim o dispõe o atual § 34 do art. 141 da Constituição, e assim o propõe o correspondente inciso I do art. 2.º da Emenda "B", apenas com a ressalva dos casos nela previstos, que são, precisamente, os dos seus arts. 9º, § 1º, e 15, § 1º, acima referidos. O que se propõe no art. 2.º da Emenda "A" configura, portanto, reconhecidamente, uma excessão à norma proibitiva, hoje absoluta, das delegações legislativas.

2/11. Entretanto, mesmo na vigência dessa proibição absoluta, o Supremo Tribunal Federal já julgou válida uma evidente delegação legislativa, contida em lei ordinária, atribuindo ao Conselho de Política Aduaneira, órgão do Poder Executivo, precisamente os mesmos podêres, quanto ao impôsto de importação, que o art. 9.º, § 1.º, da Emenda "B" prevê, sistemàticamente, quanto aos impostos sôbre o comércio exterior. Em seu julgado, o mais alto tribunal do país reconheceu expressamente que a defesa dos interêsses nacionais, no campo da política cambial e do comércio exterior, pode exigir ação cuja urgência seja inconciliável com as delongas inerentes ao processo legislativo. Nessa conclusão específica estão, porém, inclusas duas afirmações de princípios. No plano da ciência política, reconheceu-se ao Executivo o seu papel de gestor do interêsse nacional, e não apenas o de executor das medidas que lhe determinem os outros dois podêres. No plano, mais elevado, da filosofia política, reconheceu-se que o princípio da separação dos podêres do Estado é melhor servido pelo funcionamento harmônico dêles, que por um alheiamento entre êles, capaz inclusive de levá-los a afrontar-se.

2/12. E, com efeito, a falsa concepção rígida do princípio da separação dos podêres perde decididamente terreno. Devolve-se a Montesquieu a pureza de suas idéias, traídas por glosadores atuados por preconceitos políticos incompatíveis com elas. Na valiosa colaboração que prestou à Comissão, o Prof. Caio Mário da Silva Pereira, Chefe do Gabinete do Ministério da Justiça e Negócios Interiores, informou que aquêle Ministério tem em estudos um projeto de Emenda Constitucional disciplinando em bases amplas e sob critérios sistemáticos a legislação delegada. Não obstante isso, a Comissão decidiu manter o art. 2.º da Emenda "A" por considerar que, embora parcial porque restrita à matéria tributária, a solução nêle contida é indispensável à inteireza do sistema proposto.

2/13. Cumpre, entretanto, acentuar que o referido art. 2.º da Emenda "A" é uma medida provisória, conservada, sem embargo disso, pelas razões indicadas, e para possibilitar a conclusão dos trabalhos da Comissão. O Executivo decidirá soberanamente sôbre a opção entre encaminhar ao Congresso Nacional a Emenda "A" sob essa ressalva, ou aguardar a conclusão dos estudos que se processam no Ministério da Justiça, para então entrosar seus resultados com a propositura constante do art. 2.º desta Emenda. A Comissão observa, entretanto, que a opção pela segunda alternativa implicará fatalmente no retardamento do envio, ao Congresso Nacional, também da Emenda "B", de vez que, como já foi ditσ, as duas Emendas são complementares e não podem ser apreciadas separadamente.

3. NORMAS TRIBUTÁRIAS

Disposições gerais

3/1. O art. 1.º da Emenda "B" é uma disposição vestibular e ordenatória do restante do texto que se lhe segue. Enumera os atos legislativos que regem o sistema tributário nacional, na ordem hierárquica indicada. Em plano nacional, externo às competências tributárias da União, dos Estados e dos Municípios, mas atuando sôbre tôdas elas, situam-se a própria Emenda, as leis complementares e as resoluções do Senado Federal. Nos limites das competências tributárias reconhecidas a cada um daqueles três governos, vêm as suas respectivas leis ordinárias. Estas são, portanto, as leis que expeçam a União, os Estados e os Municípios quanto aos seus próprios tributos. Pareceria ocioso referi-las, mas a razão determinante da referência é a necessidade de deixar claro que as leis ordinárias de cada um dos três podêres tributantes integram-se no sistema tributário nacional.

3/2. Ainda no art. 1º da Emenda "B", diz-se que o sistema tributário nacional compõe-se de impostos, taxas e contribuições de melhoria. Não se visou, com isso, proscrever a inventiva do legislador que elaborasse novas espécies tributárias além das consagradas. Visou-se, apenas, manter o sistema vigente, pois a Constituição, em seus artigos 15, 19, 21, 29 e 30 n.ºs I e II, distribui as competências tributárias em função daquelas três figuras. Pareceu certo à Comissão que as "outras rendas", de que fala o inciso III do art. 30, configuram rendas patrimoniais ou industriais, ou seja, não tributárias: por isto, êsse dispositivo não é regovado pelo art. 26 da Emenda "B", uma vez que é estranho ao sistema por ela regulado.

3/3. O art. 2.º da Emenda "B" relaciona as limitações tributárias de caráter geral, istσ é, dirigidas por igual à União, aos Estados, ao Distrito Federal e aos Municípios. Destas, as mais importantes, no plano jurídico-constitucional, são as consignadas nos incisos I e II do referido artigo, que correspondem, com algo diversa conceituação, ao que hoje consta do § 34 do art. 141 da

Constituição. Em outras palavras, trata-se dos princípios ditos de legalidade e de anualidade, transplantados de sua atual colocação no capítulo dos Direitos e Garantias Individuais para a portada dêste capítulo do tratamento integrado do sistema tributário nacional.

3/4. Assim, o inciso I do art. 2.º, da Emenda "B", proibe instituir ou majorar tributo sem que a lei o estabeleça: é a primeira parte do § 34 do atual art. 141. Disposição nova é, apenas, a ressalva dos casos previstos nesta Emenda. Convém sublinhar que essa ressalva não implica em ofensa ao princípio de legalidade. A ressalva, com efeito, refere-se às delegações legislativas e às resoluções do Senado Federal, que, como já foi indicado nos lugares apropriados, são simples modalidades técnicas, previstas na própria Constituição, através das quais atua o princípio de legalidade.

3/5. O inciso II do art. 2.º da Emenda "B", ao contrário, restringe em seu alcance o princípio de anualidade, hoje consagrado em forma ampla na segunda parte do § 34 do art. 141 da Constituição. Pelo texto proposto, estará proibido, apenas, cobrar impôsto sôbre o patrimônio, ou sôbre a renda, com base em lei posterior ao início do exercício financeiro correspondente.

3/6. Existem aí duas restrições ao princípio da anualidade. A primeira, de natureza temporal, apenas consagra a orientação atual da jurisprudência, de admitir a aplicação, no exercício imediato, da lei cuja vigência, embora posterior à sanção da lei orçamentária, seja, entretanto, anterior à vigência desta.

3/7. A segunda restrição, ligada à natureza dos tributos a que se refere, traduz, com mais exatidão que o texto vigente, o fundamento econômico e político do princípio da anualidade. Êsse fundamento é o de garantir o contribuinte contra a cobrança imediata de tributos novos ou majorados, com o conseqüente desequilíbrio das previsões financeiras dos seus negócios ou atividades. Mas, a simples enunciação dêsse objetivo mostra que êle só tem aplicação razoável aos impostos lançados e cobrados por períodos de tempo, do que, aliás, a própria palavra "anualidade" já seria suficientemente indicativa. Por isso, o texto proposto limita a aplicação do princípio aos impostos, chamados "diretos", sôbre o patrimônio e a renda, conceitualmente ligados a uma situação patrimonial ou financeira permanente ou durável, cuja apuração não pode, portanto, prescindir do elemento temporal. Paralelamente, o princípio deixa de aplicar-se aos chamados "impostos indiretos", incidentes sôbre fatos isolados e desvinculados de qualquer elemento cronológico, e também às taxas e às contribuições de melhoria, tributos que, pela sua vinculação a serviços ou a custos, assumem posição paralela à dos "impostos indiretos". Assim, o texto proposto, longe de repudiar o princípio da anulidade, apenas o reduz a dimensões compatíveis com os seus objetivos.

3/8. O inciso III do art. 2.º da Emenda "B" reproduziu o art. 27 da Constituição, que proscreve a tributação interestadual ou intermunicipal. Omitiu-se a ressalva final das taxas de construção, conservação e melhoramento de estradas, de vez que os tributos ressalvados não podem ter, em sua acepção legítima—única que caberia considerar—a natureza dos tributos proibidos.

3/9. O inciso IV do art. 2º da Emenda "B" corresponde ao inciso V do art. 31 da Constituição, e divide-se nas seguintes alíneas:

a) reproduz a igual designação no dispositivo atual, substituídas as palavras "bens, rendas e serviços uns dos outros" por "o patrimônio, a renda ou os serviços uns dos outros", de acôrdo com a nomenclatura observada na Emenda; a referência aos serviços públicos concedidos é omitida em razão de tratamento mais amplo que a Emenda prevê quanto ao assunto;

b) corresponde à primeira parte da alínea correspondente do dispositivo atual; a restrição da norma à parte dos templos destinada a culto traduz-lhe o verdadeiro alcance e consagra a orientação da jurisprudência;

c) corresponde à segunda parte da alínea "b" do dispositivo atual, sanada a sua omissão no tocante a "rendas"; para evitar extensões indevidas da norma sem lhe frustrar o verdadeiro alcance, cometeu-se à lei complementar a fixação dos requisitos da isenção; o recurso à lei complementar, no caso, justifica-se ainda pelo caráter nacional da norma, não só em razão da natureza das entidades isentas como do fato de que os impostos excluídos, tanto podem ser federais (arts. n°s 10, I e II e art. 15, n° III), como estaduais (art. 11), ou ainda municipais (arts. 12 e 16).

"A Comissão acolheu alvitre no sentido de ser suprimida do texto constitucional a imunidade hoje constante do art. 31, V, c, referente ao papel destinado exclusivamente à impressão de jornais, periódicos e livros. O motivo dessa decisão não é, òbviamente, ligado a reservas ou restrições ao mérito do dispositivo vigente, mas, apenas, à conveniência, que se reconhece, em restringir os casos de imunidade constitucional a situações em que ela decorra da condição personalíssima de entes públicos, ou da preeminência de instituições ou atividades que sejam inerentes ao próprio regime democrático, tal se verifica, respectivamente, com os itens I, II, III e letras a e b do item IV do art. 2.º da Emenda "B". É claro que lei complementar, menos estática e mais adaptável às condições de cada fase da vida nacional, poderá, como disposto no art. 3.º da Emenda "B", instituir, de modo sistemático, isenções que levem ao mesmo resultado prático presentemente alcançado pelo art. 31, V, c da Constituição."

3/10. O § 1.º do art. 2º da Emenda "B" é disposição nova, mas a norma que contém apenas consagra a orientação da jurisprudência. A chamada "imunidade recíproca" dos entes públicos é extensiva às suas autarquias, nos limites das finalidades essenciais para cujo desempenho tenham sido criadas.

3/11. O § 2º do art. 2º da Emenda "B" regula o regime tributário dos serviços públicos concedidos, quanto ao qual a jurisprudência ainda não chegou a conclusões definitivas e sistemáticas. Reconhece-se ao poder concedente competência para legislar a respeito quanto aos seus próprios tributos, mas subordina-se essa norma, por via de remissão ao art. 3º., a preceito de maior alcance, visando ao entrosamento do assunto no sistema tributário em seu caráter nacional.

3/12. O art. 3º da Emenda "B" virá pôr ordem no que ainda é um terreno fértil em controvérsias: o da competência federal para isentar de impostos locais. O caráter nacional do sistema tributário proposto permite, inclusive pelo recurso à lei complementar, afastar as atuais configurações do problema como sendo um conflito entre governos autônomos, ou um choque de podêres expressos com podêres implícitos. Retirado dessas arenas de controvérsias doutrinárias ou forenses, o problema resolve-se, com relativa facilidade, num plano superior ao das competências tributárias da União, dos Estados e dos Municípios, por uma norma de tratamento sistemático das atividades privadas cujo funcionamento configure matéria de interêsse nacional.

3/13. O art. 4º da Emenda "B" reproduz, em seus incisos I e II, respectivamente, os arts. 17 e 32 da Constituição, com redação mais perfeita e mais completa. No inciso I, considera-se incluída a limitação constante do § 3º do art. 15 da Constituição, revogado pelo art. 26 daquela Emenda e, por isso, nela não reproduzido. O dispositivo omitido permite à União tributar a renda das obrigações da dívida pública dos Estados e dos Municípios e os proventos dos respectivos servidores, mas proibe-lhe fazê-lo em limites superiores aos que fixar quanto às suas próprias obrigações e servidores. Na parte permissiva, êsse dispositivo, certamente entendido como exceção à norma de "imunidade recíproca" dos bens, rendas e serviços dos três governos, é evidentemente ocioso, pois a tributação nêle ressalvada não incide sôbre os "serviços" estaduais ou municipais. Já a sua parte limitativa está, como foi dito, suficientemente tratada no inciso I do art. 4º da Emenda "B", de vez que a infração do § 3º do atual artigo 15 configuraria, por parte da União, tributação não uniforme, discriminatória, ou preferencial.

3/14. O art. 5º da Emenda "B" é disposição nova, que visa a enfrentar um problema grave, que se vem acentuando nos últimos anos. A natureza tributária dos empréstimos compulsórios, embora repelida pelo Supremo Tribunal Federal, representa a conclusão pràticamente unânime da doutrina brasileira, tanto no plano constitucional como no específico do direito fiscal. Sem ignorar a existência de opiniões em contrário, ou negar-lhes valia, é incontestável que um sistema como o proposto, que pretende classificar em quatro grupos de impostos tóda a matéria tributável, sem deixar campo residual em aberto, faltaria à sua própria premissa básica se não abrangesse os empréstimos compulsórios. Abandonando ao arbítrio e à iniciativa do legislador êsse mecanismo de captação de capacidade contributiva, o sistema abriria em si mesmo uma brecha pela qual se poderiam insinuar duas conseqüências suficientes para solapá-lo: a criação de figuras tributárias outras que as previstas na Emenda "B" e que esta, em seu art. 7.º, define como as únicas admitidas; e a criação, por um dos três governos, de figuras tributárias idênticas a alguma dentre aquelas que a Emenda "B", em seus arts. 9.º a 17, atribui com caráter privativo a um dos outros dois. A orientação adotada consiste em dar ao recurso do empréstimo compulsório caráter excepcional, permitindo-se-o apenas à União, para fazer face a situações críticas, que lei complementar definirá. E, mesmo assim, ùnicamente com base nos impostos federais.

Dos Impostos

DISPOSIÇÕES GERAIS

3/15. O art. 6.º da Emenda "B" define o conceito genérico de impôsto. Cabem aqui algumas palavras quanto ao debatido problema de incluir definições na lei, solução a que se opõem ponderáveis opiniões, apoiadas em fundamentos de doutrina jurídica e de técnica legislativa. A Comissão valeu-se, neste passo, do que disse a respeito do problema, já em 1954, o relatório da Comissão que elaborou o Projeto de Código Tributário Nacional: "Mesmo sem negar a impropriedade da inclusão de conceitos doutrinários no texto da lei, todavia é forçoso reconhecer que, na fase atual do direito tributário entre nós, a fixação de determinados conceitos básicos é essencial para assegurar ao Código a plenitude da sua eficácia... Acresce ainda notar que, numa lei normativa cuja finalidade precípua é justamente assegurar a regulamentação uniforme dos princípios comuns, a definição dos institutos por ela regidos pode assumir o caráter de opção entre duas ou mais conceituações oferecidas pela doutrina, eliminando assim controvérsias de interpretação." (*Trabalhos da Comissão Especial do Código Tributário Nacional*, págs. 88/89).

3/16. Objetar-se-á que a fundamentação exposta pode ser aceita no tocante à lei ordinária, mas que a impropriedade subsiste em se tratando da Constituição, inclusive com a agravante de anquilosar a legislação e a jurisprudência, impedindo-as de corresponder aos progressos da doutrina e mesmo à evolução dos fatos. A isto a Comissão responderia com o mesmo fundamento, já utilizado antes neste relatório, de que a integridade do sistema proposto depende da segurança, ou mesmo da rigidez das suas colunas mestras. Nesta ordem de idéias, não será demais voltar a lembrar, como já foi feito nas páginas iniciais, que a experiência prática do direito tributário do Brasil, desde 1891, é um repertório de infrações deliberadas de limitações constitucionais mediante o desvirtuamento dos conceitos jurídicos por que aquelas limitações se enunciam. O esfôrço, que êste trabalho representa, de saneamento dêsse estado de coisas bem justifica, no pensamento da Comissão, algum sacrifício de concepções de doutrina e de técnica jurídicas.

3/17. Para elaborar a definição de impôsto, consignada neste art. 6.º da Emenda "B", recorreu-se aos trabalhos, ainda inéditos, de outra Comissão, atualmente empenhada na revisão e atualização do citado Projeto de Código Tributário Nacional, e da qual fazem parte três integrantes desta, os Drs. Gerson Augusto da Silva, Gilberto de Ulhôa Canto e Rubens Gomes de Souza. Utilizaram-se também os trabalhos, igualmente inéditos, da Comissão designada pela Organização dos Estados Americanos para projetar um Modêlo de Código Tributário para a América Latina, integrada, além do terceiro nome acima citado, pelos Drs. Carlos M. Giuliani Fonrouge, da Argentina, e Ramón Valdés Costa, do Uruguai. A responsabilidade doutrinária pela definição contida no art. 6.º da Emenda "B" pertence, pois, aos três membros desta Comissão, cujos nomes foram referidos neste parágrafo.

3/18. O art. 7.º da Emenda "B" é uma disposição ordenatória de todo o sistema, e que já foi mencionada antes como sendo a que lhe define suas características essenciais. Define ela os quatro grupos em que se classificam os impostos componentes do sistema, e firma a regra básica de que êsses impostos, especìficamente considerados, são os únicos cuja instituição é facultada aos três governos. Excetuam-se dessa regra, apenas, os impostos extraordinários de guerra, que o art. 18 da Emenda "B" admite sem limitações, o que, entretanto, se justifica pela própria natureza da conjuntura a que êles vizam atender.

3/19. O art. 8.º da Emenda "B" consolida, em seus incisos I e II, o disposto nos arts. 16 e 26, § 4.º, da Constituição. O esclarecimento de que, aos Estados e Territórios não divididos em Municípios, cabem cumulativamente os impostos atribuídos a êstes não é ocioso, muito embora a hipótese possa ser de aplicação restrita. É norma prevista em caráter geral pelo art. 3.º da Emenda Constitucional n.º 3, e, tratando-se de regra de competência, convém fazê-la tão explícita quanto necessário para afastar eventuais controvérsias de constitucionalidade.

42

IMPOSTOS SÔBRE O COMÉRCIO EXTERIOR

3/20. O art. 9.º da Emenda "B" atribui à União os impostos sôbre o comércio exterior. Divide-se em dois incisos, o primeiro relativo ao impôsto de importação, o segundo ao de exportação. Quanto ao primeiro, não é necessária maior justificativa, pois corresponde ao inciso I do art. 15 da Constituição, norma tradicional em nosso direito e rigorosamente ajustada aos ensinamentos da ciência econômica e da política fiscal. A referência ao parágrafo único do art. 17 destina-se a lembrar que êste impôsto é excluído pelo impôsto único sôbre combustíveis, lubrificantes e energia elétrica, de que trata aquêle artigo.

3/21. O inciso II do art. 9.º da Emenda "B" devolve à União o impôsto sôbre a exportação, para o exterior, de produtos nacionais. Dizemos "devolve" porque êste impôsto é, por natureza, federal, e a sua atual atribuição aos Estados (art. 19 n.º III da Constituição) não corresponde à sua implantação adequada. Prova suficiente disto são, aliás, as limitações que a Constituição foi forçada a traçar à competência dos Estados nesta matéria, naquele art. 19, n.º III, e no seu § 5.º.

3/22. Com efeito, o impôsto de exportação, à semelhança do de importação, com o qual deve entrosar-se sistemàticamente, é, mais do que um instrumento produtor de receita, um mecanismo de regulamentação do comércio exterior, matéria privativa da União (art. 5.º, n.º XV, alínea "K" da Constituição). De conformidade com essa premissa, o § 1.º do art. 9.º da Emenda "B" procura dar, aos dois impostos sôbre o comércio exterior, a necessária flexibilidade, inclusive recorrendo, para tanto, à legislação delegada, o que já foi justificado no lugar próprio. Também o § 2.º dêste artigo, vinculando a receita do impôsto de exportação à constituição, na forma da lei, de reservas monetárias, corresponde àquela natureza própria do tributo, além de mostrar que, com retirá-lo dos Estados, não quis a Emenda atribuir simplesmente à União uma nova fonte de receita tributária. Note-se que a lei referida neste § 2.º do art. 9.º é a lei ordinária federal: não seria caso de lei complementar, de vez que a política monetária é de responsabilidade exclusiva da União (art. 5º, nº VIII e nº XV, alínea "m", da Constituição).

IMPOSTOS SÔBRE O PATRIMÔNIO E A RENDA

3/23. O art. 10 da Emenda "B", primeiro dos que tratam dos impostos sôbre o patrimônio e a renda, atribui, por seu inciso I, à União, o impôsto sôbre a propriedade territorial rural. Como é sabido, êste impôsto, a princípio estadual, depois transferido aos municípios pela Emenda Constitucional n.º 5, foi atribuído à União pelo art. 2.º da Emenda Constitucional n.º 10, para servir como instrumento da reforma agrária, sòmente concebível em bases nacionais. Essa atribuição é mantida pelo dispositivo ora comentado, com aquêle mesmo caráter instrumental de finalidades extrafiscais: na realidade, o que se confere à União é, apenas, o poder de legislar sôbre o impôsto territorial rural, para assegurar-lhe a uniformidade em todo o território nacional, e a função administrativa de arrecadá-lo. O produto financeiro do tributo é, entretanto, devolvido aos Municípios, como já dispõe o § 9.º, acrescentado ao art. 15 da Constituição pelo art. 2º da Emenda Constitucional n.º 10, e como determina, nesta Emenda proposta, a alínea "a" do inciso I do art. 22.

3/24. Como norma complementar, o parágrafo único do art. 10 da Emenda "B" determina à lei ordinária o tratamento sistemático do impôsto sôbre a propriedade territorial rural e do impôsto sôbre a renda da sua exploração ou alienação, na parte em que as legislações dos dois tributos possam ou devam fazer uso dos mesmos critérios. Trata-se de norma necessária para evitar discrepâncias, como as que hoje se notam, entre a legislação do impôsto de renda e as disposições tributárias do Estatuto da Terra.

3/25. O art. 10 nº II, da Emenda "B", conserva na competência tributária da União o impôsto sôbre a renda (art. 15, nº IV, da Constituição). Essa é, de resto, a implantação tradicional dêste impôsto, e a única que se coaduna com as suas características técnicas, que exigem, para sua eficácia, legislação unitária e sistemática e arrecadação centralizada. Preservados êsses imperativos, que desaconselhariam o fracionamento do impôsto por competências tributárias diferentes, a Emenda "B", entretanto, na alínea "b" do inciso I do seu art. 21, defere aos Estados e aos Municípios o produto do impôsto incidente sôbre a renda das obrigações da sua dívida pública, e sôbre os proventos dos seus servidores e dos de suas autarquias. Trata-se de redistribuição compensatória, justificada, ademais, pela origem local das rendas e dos ganhos tributados. Sem prejuízo dessa disposição nova, a Emenda "B", em seu art. 22, conserva a participação hoje deferida aos Municípios pelo § 5.º do art. 15 da Constituição, regulando-a, porém, em outras bases, e estendendo-a também aos Estados.

3/26. Cumpre observar que, no art. 10, n.º II e nas demais disposições pertinentes, a Emenda "B" substitui a atual denominação "impôsto sôbre a renda e proventos de qualquer natureza" por "impôsto sôbre a renda". Em primeiro lugar, a expressão "proventos" não é suficientemente indicativa de um tipo particular de ganhos que não se incluam no conceito genérico de "renda". Na terminologia administrativa, ela é antes empregada, limitativamente, para designar a remuneração dos servidores públicos, sentido em que a própria Emenda "B" a utiliza no art. 21. Em segundo lugar, o conceito hoje em vigor, tanto de "renda" como de "rendimentos" é suficientemente amplo para abranger todos os acréscimos patrimoniais decorrentes do trabalho e do capital, ou da combinação de ambos, ainda que não sejam de caráter periódico, ou "frutos", como os denomina o direito civil. Nessa compreensão extensa se incluem os ganhos de capital ou as mais valias, que o legislador ordinário federal tem podido tributar sem eiva de ilegitimidade, para o que a expressão "...e proventos de qualquer natureza" não é necessária.

3/27. O art. 11 da Emenda "B" mantém na competência dos Estados o impôsto de transmissão *causa mortis*, e lhes devolve o de transmissão *inter vivos*, dêles retirado, em favor dos Municípios, pela Emenda Constitucional n.º 5. Êste dispositivo da Emenda "B" corresponde, assim, tanto ao inciso I do art. 19 da Constituição, como ao inciso III do seu art. 29, com a redação que lhe deu a referida Emenda n.º 5. Desde logo se observa que o art. 11 trata as duas figuras tributárias como um só impôsto, o que, reunidas elas na competência do mesmo poder, parece razoável, de vez que em ambos os casos o fato gerador é o mesmo, a transmissão da propriedade, variando apenas a causa dessa transmissão. Quanto a esta modalidade impositiva, entretanto, a Comissão tem idéias próprias, que a seguir são brevemente expostas e fundamentadas.

3/28. Cabe, primeiramente, justificar o retôrno do impôsto *inter vivos* à competência dos Estados. Neste particular, pensa a Comissão que, não obstante a sua finalidade declarada de favorecer os Municípios, a Emenda n.º 5 pouco lhes deu que êles pudessem eficazmente utilizar. As dificuldades da aplicação dêste impôsto, derivadas da sua estreita dependência com um dos campos mais complexos do direito civil, exigem um aparelhamento jurídico e administrativo que poucos Municípios, dentre os mais desenvolvidos, poderiam organizar e manter. Assim, a produtividade do impôsto é necessàriamente baixa, e essa situação ainda se agravará com as limitações propostas na Emenda "B", a seguir justificadas. Estas considerações, aliadas à de que o impôsto *inter vivos* deve idealmente ser unificado com o *causa mortis*, aconselham a devolução do primeiro aos Estados, melhor aparelhados para administrá-lo. Como última consideração pode-se ainda lembrar que a outorga dêste impôsto aos Municípios tenderia a multiplicar os conflitos de competência, ignorados pela Emenda Constitucional n.º 5, cuja norma de solução encontra-se no § 3.º do artigo ora em exame.

3/29. As limitações propostas ao alcance do impôsto *inter vivos*, consignados no *caput* e nos parágrafos 2.º e 4.º do artigo 11, consistem na exclusão da sua incidência sôbre as transmissões a título de conferência de capital, na fixação de um teto às suas alíquotas, e na sua restrição tão-sòmente às transmissões de bens imóveis por natureza. A primeira limitação justifica-se para afastar um entrave à formação e reorganização de sociedades, hipóteses em que a transmissão representa menos uma alienação de patrimônio que uma medida visando à sua melhor exploração econômica. Pode-se, aliás, recordar que, anteriormente à Emenda Constitucional n.º 5, a maioria dos Estados já reconhecia a procedência dêste fundamento, prevendo para a hipótese uma alíquota inferior à aplicável aos casos de compra e venda ou doação.

3/30. A segunda limitação traçada ao impôsto *inter vivos* pelo art. 11, em seu § 4.º, justifica-se pela preocupação de evitar que o tributo possa, por sua onerosidade, converter-se numa duplicação, no campo estadual, do impôsto sôbre a renda, absorvendo todo o lucro emergente da transação. Coaduna-se com esta norma a disposição contida no mesmo parágrafo, que, por uma limitação indireta dos podêres impositivos federais, também objetiva impedir a sobreposição dêste impôsto e do de renda, sôbre o mesmo ganho de capital. A limitação dirigida aos Estados é, entretanto, regulada por lei complementar, e tornada ajustável, por via de resolução do Senado, às condições econômicas vigentes em cada Estado.

3/31. Finalmente, o *caput* do art. 11 restringe a incidência, tanto nas transmissões *inter vivos* como nas *causa mortis,* tão só às que versem sôbre imóveis por natureza, excluídas, portanto, as de bens cujo caráter imobiliário resulte de definição legal ou de acessão. No tocante às transmissões *inter vivos,* esta limitação, cujo alcance mais importante é o de excluir o impôsto sôbre a maquinaria e os equipamentos transmitidos como integrantes de um fundo industrial, justifica-se pelas mesmas considerações já expostas a respeito da conferência de bens ao capital de sociedades. No que tange às transmissões *causa mortis,* a norma importará em simplificar consideràvelmente a administração do impôsto, eliminando controvérsias e fatôres de atrito entre o fisco e contribuinte, certamente mais graves e custosas que a redução sofrida pela produtividade do tributo. Além disso, a eliminação do impôsto sôbre as transmissões *causa mortis* de bens móveis fará desaparecer a desigualdade de tratamento fiscal que hoje resulta da virtual imunidade dos títulos ao portador, por contraste com os bens de outras naturezas.

3/32. Por outro lado, as limitações que acabam de ser analisadas compensam-se por duas normas tendentes à melhor sistemática do impôsto e ao refôrço do seu produto. A primeira delas, constante do *caput* do art. 11, elimina dúvidas, que ainda hoje subsistem, quanto à incidência nas transmissões de direitos reais sôbre imóveis, exceto, como é óbvio, os de garantia, que não configuram desmembramentos do domínio. Mais importante, porém, é a segunda norma, constante do § 1.º do art. 11, que assegura a incidência sôbre a cessão irretratável de direitos sôbre a propriedade imobiliária. Satisfaz-se, assim, antiga e legítima aspiração dos Estados, de vez que a cessão de compromisso de compra e venda, sem ser, jurídicamente, transmissão da propriedade, econômicamente produz efeitos idênticos aos dela, constituindo-se em veículo para sucessivas negociações do imóvel a coberto do impôsto específico. Já o reconheceu a própria União, ao assimilar a cessão de compromisso à venda para efeito da incidência do impôsto sôbre ganhos de capital. A solução seria impossível aos Estados, e *a fortiori*, aos Municípios, por envolver legislação sôbre um conceito de direito privado; mas, na própria Constituição, pode ela assumir a forma, juridicamente preferível, de uma definição de incidência antes de uma ficção legal para efeitos fiscais.

3/33. Finalmente, o § 3.º do art. 11 reproduz a norma de solução de conflitos de competência, que constava dos parágrafos 2.º e 3.º do art. 19 da Constituição, e que a Emenda Constitucional n.º 5 omitiu quanto ao impôsto *inter vivos*. A redação daqueles dois dispositivos foi consolidada e simplificada, mas o texto proposto diz o necessário e suficiente.

3/34. O art. 12 da Emenda "B" mantém na competência dos Municípios as figuras tributárias de que tratam os incisos I (com a redação que lhe deu a Emenda Constitucional n.º 10) e II, do art. 29 da Constituição, consolidando-as em um só impôsto, de modo a facilitar seu tratamento sistemático na lei.

IMPOSTOS SÔBRE A PRODUÇÃO E A CIRCULAÇÃO

3/35. O art. 13 da Emenda "B", primeiro dos que tratam dos impostos sôbre produtos industrializados e sôbre a circulação, atribui à competência federal o impôsto sôbre os produtos industrializados, assim entendidas a fabricação e a importação de produtos manufaturados. Trata-se, na realidade, do mesmo tributo a que o art. 15, n.º II, chama de impôsto de consumo, mudada apenas essa denominação para outra, mais consentânea com a natureza, que já lhe empresta a lei ordinária, consubstanciada na seletividade de suas alíquotas e no caráter não cumulativo de suas incidências. Excluem-se, porém, dêste impôsto, os produtos nacionais destinados à exportação, em consonância com o objetivo econômico, visado também pelo art. 14, de que a exportação fique sujeita apenas ao impôsto específico de que trata o inciso II do art. 9.º. A remissão do art. 17 visa excluir a incidência dêste impôsto, quanto a combustíveis, lubrificantes, energia elétrica e minérios, cuja produção sujeita-se exclusivamente ao impôsto único previsto naquele artigo.

3/36. O art. 14 da Emenda "B" atribui aos Estados o impôsto sôbre as operações relativas à circulação de mercadorias, realizadas por comerciantes, industriais e produtores, salvo, pela mesma razão indicada no item precedente, as de exportação para o exterior.

Trata-se do impôsto que, no sistema projetado, viria substituir o de vendas e consignações, a que se refere o inciso II do art. 19 da Constituição.

3/37. Êste assunto recebeu atenção muito especial, não só por se tratar do impôsto que, no momento, representa o principal esteio das finanças dos Estados, como também por envolver um dos aspectos em que as inadequações do atual sistema, de início criticadas, se revelam de maneira a um tempo mais aguda e mais profunda. Referimo-nos ao problema das transferências de mercadorias de um Estado para outro, que a União, exercitando sua competência para expedir normas gerais de direito financeiro, tem procurado resolver, a princípio pelo Decreto-Lei n.º 915, de 1938, e atualmente pela Lei n.º 4.299, de 1964. É forçoso reconhecer, porém, que essas tentativas não vêm tendo o êxito que seria imprescendível à remoção do problema, o que, pelos prejuízos que acarreta para a economia nacional, seria, por si só, razão suficiente para justificar um reexame da estrutura do próprio impôsto.

3/38. Essa nova estruturação começa, de acôrdo com uma das diretrizes básicas do sistema projetado, por desvincular o impôsto dos negócios jurídicos específicos de compra e venda ou de consignação. Em lugar de referir essas duas modalidades, atribui-se ao impôsto incidência genérica sôbre as operações relativas à circulação de mercadorias, qualificada, porém, às realizadas por comerciantes, industriais e produtores, de modo a preservar a natureza mercantil do tributo, de resto já indicada pela identificação da circulação como sendo a de mercadorias. Essa generalização de sua incidência aproxima êste impôsto do federal sôbre produtos industrializados (art. 13), que é o atual impôsto de consumo com denominação ajustada à sua natureza, e cuja identidade econômica com o atual impôsto de vendas e consignações é inegável: ambos são impostos sôbre a circulação, distinguindo-se apenas pela característica extrínseca de ser genérica a incidência do primeiro, ao passo que a do segundo é específica a determinados negócios jurídicos.

3/39. O reconhecimento dessa sua identidade substancial permite tratar os dois impostos em forma sistemática e complementar. Assim, ao tributo federal é reservada a função seletiva, disciplinadora dos consumos, mais consentânea com a sua incidência jurídica sôbre a produção. Ao tributo estadual, jurìdicamente assente, não sôbre os produtos postos em circulação, mas sôbre as operações por que esta se realiza, corresponde, ao contrário, caráter uniforme quanto a tôdas as mercadorias. Restaura-se, portanto, regra omitida na vigente Constituição, mas necessária, inclusive para assegurar o pleno funcionamento da norma que proíbe a tributação discriminatória em razão da procedência ou do destino dos bens (art. 4.º, n.º II). Essa limitação seria fácil de infringir se êste impôsto pudesse onerar mais pesadamente os produtos típicos de outros Estados, ou os do pró-

48

prio Estado, que, por suas naturezas, se destinem à circulação no país, ou à exportação para o estrangeiro; neste último caso, infringida seria, igualmente, a competência federal específica e exclusiva, prevista no art. 9.º, n.º II.

3/40. Ainda para sistematizar êste impôsto com o incidente sôbre os produtos industrializados, atribui-se, também a êle, o caráter não cumulativo, a exemplo do que faz, quanto àquele, o inciso II do parágrafo único do art. 9.º. É, aliás, característica moderna dos impostos sôbre a circulação, primeiro elaborada na França e imitada pela maioria dos países, a de só tributarem, em cada sucessiva operação, o valor acrescido, eliminando-se assim os notórios malefícios econômicos da superposição em cascata, de incidências repetidas sôbre bases de cálculo cada vez mais elevadas pela adição de novas margens de lucro, de novas despesas acessórias, e do próprio impôsto que recaiu sôbre as operações anteriores. Neste caso, porém, por se tratar de impôsto estadual, a norma da dedutibilidade do montante pago na operação anterior teve de ser ampliada, para abranger não só o impôsto cobrado pelo mesmo Estado, mas também por outro. A não ser assim, com efeito, a configuração sistemática do impôsto estaria desvirtuada, mas, por outro lado, a norma, como prevista no inciso II do parágrafo único dêste art. 14, contribui decisivamente para acentuar o caráter nacional do sistema tributário.

3/41. Esta última observação evoca o problema, cruciante e sempre agudo, da tributação das operações do comércio interestadual, a que se fêz referência na crítica do sistema vigente e no início desta justificativa do art. 14. Para eliminar em definitivo êsse obstáculo à integração do regime tributário, a Comissão propõe a única medida que, embora corajosa, lhe parece eficaz: a fixação de uma alíquota-teto para o impôsto incidente sôbre as operações interestaduais, assim entendidas tôdas as que destinem a mercadoria a outro Estado. Essa solução, fazendo desaparecer as atuais desigualdades tributárias entre os Estados produtores e Estados consumidores, ao mesmo tempo respeita, ou restaura, as autonomias políticas, jurídicas e financeiras de uns e de outros. Permite ela, com efeito, abandonar as ficções legais a que tiveram de recorrer o Decreto-Lei n.º 915, de 1938, e a Lei n.º 4.299, de 1964, e que, em última análise, assemelharam à venda, em benefício do Estado de origem, a simples transferência da mercadoria, ao mesmo tempo que negavam, ao Estado de destino, a tributação da venda efetivamente realizada em seu território.

3/42. Tratando-se, porém, de uma limitação imposta pelo interêsse nacional, aos podêres tributários dos Estados, recorre-se, para atuação do sistema proposto, a uma dupla salvaguarda: a resolução do Senado Federal, que, por sua vez, observará os têrmos do disposto em lei complementar. Dessa maneira, assegura-se ainda, ao mecanismo proposto, a flexibilidade desejável, sem prejuízo da sua segurança, possibilitando-se a sua constante adaptação às condições econômicas efetivamente operantes. Finalmente, por motivos um tanto diversos, mas essencialmente complementares dos que acabam de ser indicados, estendeu-se o mesmo sistema às operações que destinem a mercadoria à exportação para o estrangeiro. É oportuno esclarecer que como tais se entendem as operações, ultimadas no território nacional, que antecedem à venda final a comprador no estrangeiro, de vez que esta última não se contém no âmbito do impôsto estadual, como o diz o *caput* do art. 14, em consonância com o inciso II do art. 9.º. Dito isto, logo se vê que a finalidade da alíquota-teto, nestes casos, é a de preservar a integridade do último dispositivo citado, evitando que o impôsto estadual pudesse converter-se numa duplicação, ou num sucedâneo, do próprio impôsto de exportação, fraudando sua reserva à competência federal.

3/43. O art. 15 da Emenda "B" atribui à União um impôsto cuja incidência é definida por três incisos: (I) operações de crédito, câmbio, seguro e capitalização; (II) operações relativas a títulos e valôres mobiliários; (III) serviços de transportes e comunicações, salvo os de natureza estritamente municipal. Sem o dizer explìcitamente para não condicionar a atividade do legislador ordinário, a Comissão encara êste impôsto como um sucedâneo do atual impôsto sôbre atos e instrumentos regulados por lei federal (Constituição, art. 15, n.º VI), tradicionalmente cobrado sob a forma de impôsto do sêlo. Ao mesmo tempo, a Comissão, na escolha das incidências, visou restringir o alcance e modificar a própria concepção daquela figura tributária.

3/44. Dêsses dois objetivos, o primeiro foi procurado por uma drástica redução do elenco dos atos e negócios jurídicos atualmente tributados, como fàcilmente se vê pelo confronto dêste art. 15 da Emenda "B" com a tabela de incidências da Lei do Sêlo vigente. O segundo objetivo foi, no tocante aos incisos I e II dêste art. 15, menos o de criar um instrumento produtor de receita que o de prover um mecanismo complementar da regulamentação de atividades privadas que, pelo seu caráter nacional, submetem-se ao contrôle da União (Constituição, art. 5.º, n.os IX, XII e XV, letra "k"). A rigor, poder-se-ia mesmo dizer que a finalidade precípua dêste art. 15 não é atribuir à União a competência impositiva sôbre as atividades nêle enumeradas, senão retirá-la aos Estados e Municípios, para evitar que, por um uso mal avisado dela, pudessem interferir com a competência regulatória federal. Esta última observação aplica-se especialmente ao inciso III do art. 15, que trata de serviços que a União deve poder controlar eficazmente, não só para assegurar a observância do disposto no inciso III do art. 2.º e no inciso II do art. 4.º, como mesmo no interêsse da segurança pública e da defesa nacional.

50

3/45. Em consonância com as finalidades do impôsto de que trata o art. 15 em seus incisos I e II, os seus parágrafos 1.º e 2.º lhe atribuem um caráter instrumental da política monetária. Para êste efeito, repetem-se disposições similares às propostas, no art. 9.º, quanto aos impostos de importação e de exportação, aos quais é atribuído aquêle mesmo caráter no que se refere à política cambial e de comércio exterior. Essa finalidade do impôsto justifica, aqui, como naquele caso, recurso à legislação delegada para a fixação de suas alíquotas ou de suas bases de cálculo.

3/46. O art. 16 da Emenda "B" atribui aos Municípios um impôsto sôbre serviços de qualquer natureza, exceto aquêles cuja tributação foi reservada à União pelo inciso III do artigo anterior. Neste passo, a Comissão sente-se no dever de declarar de modo expresso que a sua intenção foi restringir o campo de incidência do impôsto, chamado de indústrias e profissões, a que se refere o art. 29, n.º V, da Constituição. Tratando-se, como é sabido, do principal recurso tributário de que hoje dispõem os Municípios, esta afirmação exige uma plena justificativa.

3/47. A designação "impôsto de indústrias e profissões" é notòriamente inadequada para definir qualquer figura tributária específica. Em casos como êste, em que a definição legal da incidência é insuficiente para identificar o tributo, essa identificação passa a depender da base de cálculo adotada para a sua cobrança: ora, é precisamente sob êste aspecto que as inadequações do impôsto em causa se revelam mais flagrantes. Para não ficarem limitados meramente a uma taxa, uma "patente" ou um emolumento sôbre o exercício de atividades industriais ou profissionais — que aliás se confundiriam com o impôsto de licença de que fala a Constituição no art. 29, n.º IV — viram-se os Municípios, como, antes de 1946, os Estados, levados a recorrer a bases de cálculo arbitrárias ou empíricas. Disso resultaram distorções econômicas e problemas jurídicos ou administrativos que a seguir serão brevemente analisados.

3/48. Dentre as diferentes bases de cálculo ensaiadas para o impôsto de indústrias e profissões, subsistiu como pràticamente a única, por ser a um tempo a mais produtiva e a mais fácil de administrar, o chamado "movimento econômico", que outra coisa não é, entretanto, senão a receita bruta da atividade tributada. Mas, com isso, o impôsto de indústrias e profissões converteu-se numa duplicação do impôsto federal sôbre a renda, em sua forma mais primária e antieconômica, ou mesmo numa espécie de "adicional" do impôsto estadual de vendas e consignações. É comum, com efeito, o caso de Municípios, dentre os menos desenvolvidos, e portanto menos aptos para manter uma administração fiscal eficiente, cobrarem, a título de impôsto de indústrias e profissões, simplesmente uma percentagem do montante pago ao Estado, pelo mesmo contribuinte, sôbre o total bruto de suas vendas.

51

3/49. Em conseqüência, reproduziram-se, no âmbito municipal, os problemas peculiares ao impôsto de vendas e consignações, notadamente o do conflito de competências nos casos de atividades desenvolvidas em mais de uma entidade tributante, que, no seu terreno próprio, a Emenda "B" enfrentou no inciso I do parágrafo único do art. 14. No campo municipal, entretanto, tais problemas acrescem, aos danos de seus efeitos econômicos, o vício jurídico de se traduzirem pela pretensão de um Município de aplicar a sua lei tributária a atividades exercidas fora do seu território. Encarado sob êste aspecto, o problema ensejou tentativas de solução por lei normativa, como a oferecida pelo deputado Aliomar Baleeiro e a contida no Projeto de Código Tributário Nacional; mas, não se tendo ainda concretizado êsses esforços, a situação apontada subsiste, causando sérios entraves e ônus para a indústria e o comércio, com prejuízo da economia nacional.

3/50. Por estas razões, a Comissão entende que o impôsto de indústrias e profissões converteu-se num exemplo flagrante daquela interpretação dos campos tributários privativos, a que de início fêz referência, exacerbando assim os defeitos inerentes à sua condição de tributo falho de base econômica real, pois o mero exercício de qualquer atividade — que configura o seu fato gerador — justificará, quando muito, uma presunção de capacidade contributiva, mas nunca fornecerá a medida dessa capacidade. Justifica-se, por isso, a propositura de sua substituição por um impôsto sôbre serviços, campo não diretamente coberto por qualquer dos outros impostos previstos na Emenda "B", e adequadamente utilizável pelo Município, mas, ainda assim, sob as limitações previstas no parágrafo único do art. 16, e destinadas a impedir a reprodução dos vícios econômicos e jurídicos que tornam imperativa a revisão total da situação existente. A compensação financeira aos Municípios será, por outro lado, atingida através das redistribuições de receitas tributárias, regulada no capítulo V da Emenda "B".

IMPOSTOS ESPECIAIS

3/51. O art. 17 da Emenda "B" mantém na competência federal a tributação única relativamente a combustíveis, lubrificantes, energia elétrica e minérios, de que tratam o inciso III do art. 15 da Constituição e o seu § 2.º. Êste é o primeiro dos "impostos especiais" a que se refere o art. 7.º da Emenda, assim designados por transcenderem a competência reservada a cada um dos governos (como neste caso), ou em razão do seu caráter extraordinário (como no caso do art. 18).

3/52. Como disse o Relator desta Comissão em trabalho publicado no vol. 72 da Revista de Direito Administrativo, o atual "impôsto único" já traz em germe a idéia de um sistema tributário concebido em bases nacionais, que esta Emenda, embora ainda limitadamente, se propõe desenvolver. Trata-se, com efeito, não de um impôsto federal, de cujo produto participem os Estados e os Municípios, mas de um tributo centralizado e substitutivo de quaisquer outros, estaduais, municipais, e inclusive federais, suscetíveis de incidir sôbre as atividades a êle submetidas. Essas atividades são enumeradas, nos três incisos do *caput* do art. 17, de forma um tanto diversa em razão da natureza dos produtos contemplados.

3/53. No inciso I do art. 17 a incidência, quanto a combustíveis e lubrificantes líquidos ou gasosos de qualquer origem ou natureza, é prevista em relação à sua produção, importação, circulação, distribuição ou consumo. O impôsto, neste particular, substitui-se portanto aos previstos no inciso I do art. 9.º, no art. 13, e no art. 14; a possível incidência do impôsto referido no art. 16 já estaria excluída pelo inciso I do parágrafo único dêsse mesmo artigo. Para evitar possíveis dúvidas, foram referidas expressamente a "importação" e a "produção", para deixar claro que a incidência abrange as duas hipóteses definidas nos arts. 9.º e 13; e explicitou-se a "distribuição", como modalidade da "circulação" de que trata o art. 14. Acrescentou-se a referência ao "consumo", embora não identificativa de qualquer outro impôsto específico, para deixar liberdade ao legislador ordinário, em face do disposto no parágrafo único dêste art. 17.

3/54. No inciso II do art. 17 a incidência, quanto à energia elétrica, foi referida à sua produção, importação, distribuição ou consumo. Cabem aqui as mesmas observações feitas no item precedente, esclarecendo-se não ser tècnicamente apropriado, no caso, falar em "circulação", e que a referência a "importação" é útil para evitar que, na hipótese, possível ainda que excepcional, de energia elétrica produzida em outro país, se alegasse que a sua "importação" não estaria abrangida na "distribuição".

3/55. No inciso III do art. 17, a incidência, quanto aos minerais do país, ocorre na sua produção, circulação ou consumo. Ainda aqui cabem as observações dos dois itens precedentes, com a ressalva de que evidentemente não seria caso de falar-se em "importação".

3/56. Finalizando, podem ser brevemente resumidas três últimas observações. A primeira é que nenhuma das incidências enumeradas no art. 17 refere-se à exportação, precisamente para que o impôsto de que trata aquêle artigo não exclua o previsto no inciso II do art. 9.º. A segunda é que o parágrafo único do art. 17 foi redigido de modo a deixar claro, talvez mais que os atuais inciso III e § 2.º do art. 15 da Constituição, que o caráter "único" do impôsto envolve não só a exclusão de outros tributos, salvo o impôsto de exportação, mas também a unicidade da sua incidência: neste passo, mencionou-se "uma" dentre as operações enumeradas no artigo, para deixar ão legislador ordinário a liberdade de escolher, em cada caso, a que melhor convenha por motivos econômicos, jurídicos, administrativos ou técnicos. A terceira é que, talvez por deficiência de redação do texto vigente, a jurisprudência não lhe tem reconhecido o alcance visado pelo legislador constituinte, admitindo a incidência simultânea de outros impostos, notadamente o de indústrias e profissões: o parágrafo único do art. 17, excluindo "qualquer outro tributo, seja de que natureza ou competência", virá eliminar, a êste respeito, qualquer possibilidade de controvérsia.

3/57. O art. 18 da Emenda "B", relativo aos impostos extraordinários de guerra, corresponde ao atual § 8.º do art. 15 da Constituição. Êste artigo admite, nas condições nêle previstas, a criação de impostos de qualquer natureza, por exceção, ressalvada aliás no art. 7.º, à norma básica de que os impostos componentes do sistema tributário nacional são exclusivamente os enumerados nos arts. 9.º a 17 da Emenda. Dentro do mesmo espírito, êste artigo permite à União criar, temporàriamente, impostos que normalmente competem aos Estados ou aos Municípios, naturalmente sem prejuízo de que êstes continuem a exercer a sua própria competência a respeito de tais impostos.

Taxas e contribuições de melhoria

3/58. Os arts. 19 e 20 da Emenda "B" definem, respectivamente, a taxa e a contribuição de melhoria, e a competência para instituir êsses tributos correspondendo, nesta parte, aos incisos I e II do art. 30 da Constituição e ao seu parágrafo único. No tocante à justificativa de se introduzirem definições na Constituição, cabe remeter ao que foi dito a propósito do art. 6.º, que tem igual conteúdo relativamente ao impôsto.

4. DISTRIBUIÇÕES DE RECEITAS TRIBUTÁRIAS

4/1. Os princípios básicos que orientaram a Comissão neste aspecto fundamental do seu trabalho já foram indicados no primeiro capítulo dêste relatório. Cabe apenas lembrar, agora, que a Comissão procurou tratar o assunto em forma compatível com o caráter nacional do sistema tributário, em lugar de simplesmente atribuir, a alguns governos, participações mais ou menos empíricas no produto de impostos de outros. Reflexo formal dessa preocupação é a própria terminologia adotada, que fala em "distribuições" de receitas tributárias, afastando a expressão usual "participações na arrecadação", que por si só já envolve uma idéia de subordinação ou dependência, incompatível com a paridade política e jurídica que é a própria base do regime federativo. Por outro lado, as dificuldades com que a Comissão se defrontou neste terreno são bem ilustradas pelo fato de que a relação percentual entre o que um Estado recebe da União e o que arrecada de seus próprios tributos vai, de 6% num dos extremos, a mais de 300% no extremo oposto.

4/2. O art. 21, inciso I, alínea "a", da Emenda "B" determina a distribuição, pela União, de 80% do produto do impôsto territorial rural, aos Municípios da localização dos imóveis. É a regra hoje contida no § 9.º, acrescentado ao art. 15 da Constituição pela Emenda Constitucional n.º 10. Êste último dispositivo, aliás, prevê a distribuição do total arrecadado: a modificação proposta, autorizando a União a reter 20% daquele total, coaduna-se com a regra comum de as distribuições referirem-se ao líquido arrecadado. Entretanto, particularmente neste caso, em que o custo da arrecadação poderá variar consideràvelmente conforme as regiões do país, pareceu preferível estabelecer desde logo uma percentagem fixa e uniforme; cabe notar que, dada a utilização dêste impôsto como instrumento da reforma agrária, regida por lei federal, não ocorrerá, naturalmente, a hipótese prevista no art. 24 da Emenda, na qual a retenção de 20% pela União deixaria de justificar-se.

4/3. O art. 21, inciso I, alínea "b", da Emenda "B" defere aos Estados e aos Municípios o produto total do impôsto federal arrecadado na fonte e incidente sôbre a renda das obrigações de sua dívida pública e sôbre os proventos dos seus servidores e dos de suas autarquias. Trata-se de disposição nova, que, preservando a unidade sistemática do impôsto, transfere, na prática, para os Estados e os Municípios, duas de suas incidências, em razão da natureza tipicamente local dos respectivos fatos geradores. Não é necessário enunciar aqui a regra da distribuição do produto líquido porque, pela própria natureza do impôsto e pela técnica da sua arrecadação, esta será melhor atendida pelos próprios governos beneficiados, nos têrmos do art. 21 da Emenda.

4/4. O art. 21, inciso II, da Emenda "B" distribui, do produto do impôsto sôbre a circulação de mercadorias, 15% ao Município em que se tenham realizado as operações tributadas. Trata-se de distribuição compensatória, para os Municípios, de duas normas novas introduzidas pela Emenda: a restrição do campo de incidência do impôsto de indústrias e profissões e a supressão do atual art. 20 constitucional, que manda reverter, aos Municípios não Capitais, 30% do excesso da arrecadação estadual, em seus territórios, sôbre o total das rendas locais. A primeira dessas normas já foi justificada no lugar próprio (art. 16 da Emenda); a segunda justifica-se pelo caráter antieconômico da participação que se propõe abolir, já apontado no primeiro capítulo dêste relatório. Por outro lado, justifica-se que a compensação aos Municípios seja retirada do impôsto estadual que substituirá o de vendas e consignações, em

55

primeiro lugar porque êste é o que entra em maior parcela na composição do excesso de que fala o art. 20 da Constituição, e, em segundo lugar, porque é êle que atualmente serve aos Municípios como base de cálculo do impôsto de indústrias e profissões.

4/5. O art. 22 da Emenda "B" disciplina a distribuição aos Estados e Municípios, de parte do produto da arrecadação dos impostos previstos nos arts. 10, n.º II, e 13 (respectivamente, impostos federais sôbre a renda e sôbre os produtos industrializados, substitutivo do atual impôsto de consumo). Corresponde, pois, a disposição, parte ao que se contém nos parágrafos 3.º e 4.º do art. 15 da Constituição, com a redação que lhes foi dada pela Emenda Constitucional n.º 5, anotando-se a inclusão, ao lado dos Municípios, dos Estados, como partícipes de 20% do produto da arrecadação dos mesmos impostos federais, percentagem essa que integrará um Fundo de Participação dos Estados e Municípios, que visa a compensar a perda de receita tributária própria que êsses entes públicos registrarão, como decorrência de nôvo sistema. Entretanto, a disciplina da aplicação dêsse Fundo de Participação dos Estados e Municípios ficará a cargo de lei complementar, inserindo-se desde logo no texto constitucional proposto, a relação percentual que se deverá observar na atribuição aos Estados e aos Municípios. Exige-se, ainda, que das participações atribuídas a uns e a outros, pelo menos 50% sejam destinados a integrarem o orçamento de capital dos entes beneficiados, com o que se vincula o emprêgo dessa parcela das somas distribuídas, a investimentos de interêsse regional. Pensa a Comissão que essa é a melhor maneira de se dar aos Estados e aos Municípios uma substancial participação de que podem êles dispor livremente, ao mesmo tempo que parte do que lhes toca ficará destinada a investimentos. A norma do § 2.º constitui comando ao elaborador da lei complementar, no sentido de que êle busque meios de tornar efetiva a coordenação dos programas de investimentos em benefício do progresso econômico e social das diversas regiões do país. Por outro lado, o art. 25 da Emenda "B" institui garantia, a ser objeto de disciplina por lei complementar, da efetiva atribuição, aos Estados e Municípios, das parcelas que lhes correspondem como distribuições de receita tributária, com o que se visa a eliminar a discrição dos que devem efetuar o respectivo pagamento, ou mesmo a delonga na entrega dos montantes devidos, seja por que motivo fôr. Pensa a Comissão que a estrutura sugerida, do sistema de distribuições, é muito mais equitativa e racional do que a ora em vigor.

4/6. O art. 23 da Emenda "B" corresponde ao atual § 6.º do art. 15 da Constituição, que regula a redistribuição do produto do impôsto único sôbre combustíveis, lubrificantes, energia elétrica e minérios. A propósito do art. 17, já foi assinalado que, em razão da natureza peculiar dêste impôsto, a repartição do seu produto tem antes o caráter de uma reposição, aos Estados e aos Municípios, do que poderiam arrecadar de seus próprios tributos, por êle absorvidos em sua incidência única. Em consonância com essa característica, a parte dos Estados e dos Municípios é fixada em 60% em se tratando de combustíveis, lubrificantes e energia elétrica, e em 90% no caso dos minérios, justificada esta última percentagem pelo caráter acentuadamente local da exploração industrial e comercial dos produtos a que se refere. Manteve-se a distribuição proporcional à superfície, população, produção e consumo, esclarecendo-se, quanto aos dois últimos critérios, que a produção e o consumo pertinentes são os verificados no território da entidade beneficiada. Por outro lado, o mecanismo da distribuição foi aperfeiçoado pela sua regulamentação em lei complementar, e pelo seu ajuste por via de resolução do Senado Federal.

4/7. O art. 24 da Emenda "B" autoriza a União a atribuir, por lei, aos Estados, ao Distrito Federal e aos Municípios o encargo de arrecadar, entende-se que nos respectivos territórios, os impostos de competência daquela, cujo produto lhes seja total ou parcialmente distribuído. Para êste efeito, o dispositivo modifica a parte final do § 3.º do art. 18 da Constituição, que prevê a mesma medida, em caráter geral, quanto à execução de leis e serviços da União ou de atos e decisões de suas autoridades, porém mediante acôrdo e provimento das respectivas despesas. A regra neste art. 24, é a imposição de um encargo obrigatório e gratuito; a obrigatoriedade se justifica por tratar-se da administração de tributos cujos proventos financeiros aproveitarão às entidades a que o encargo é cometido; e a gratuidade é aplicação da regra comum de que tôdas as percentagens a distribuir devem-se calcular sôbre o produto líquido dos impostos a que se referem. Regra idêntica é prevista em favor dos Estados, quanto aos impostos cujo produto distribuam a seus Municípios.

4/8. O art. 25 da Emenda "B" é disposição nova, concebida, à semelhança do art. 22, para garantia dos Estados e dos Municípios. Por êle se atribui à lei complementar a regulamentação dos prazos, da forma e das condições necessárias a assegurar o recebimento das distribuições previstas nos arts. 21 a 23, de modo a excluir qualquer discricionariedade por parte dos governos que as devam efetuar. A própria finalidade da disposição, e o espírito que a ditou, tornam desnecessária maior justificativa.

5. DISPOSIÇÕES FINAIS E TRANSITÓRIAS

5/1. O art. 26 da Emenda "B" revoga, na forma regulada pelo artigo seguinte, todos os atuais dispositivos da Constituição, e das Emendas Constitucionais n.os 3, 5, 9, e 10, que tratam de matéria tributária. Essa revogação corresponde ao objetivo, enunciado no

57

primeiro capítulo dêste relatório, de fazer da Emenda "B" um todo único e sistemático, no qual se contenha tôda a matéria constitucional relativa ao sistema tributário nacional. Para facilidade de confronto e conferência dos textos, dá-se a seguir um quadro comparativo dos textos cuja revogação se propõe, e daqueles que, na Emenda "B", são sugeridos para lhes corresponder ou para os substituir.

Constituição	Emenda "B"
Art. 15 n.º I	Art. 9.º n.º I
Art. 15 n.º II	Art. 13
Art. 15 n.º III	Art. 17 n.ᵒˢ I, II e III
Art. 15 n.º IV	Art. 10 n.º II
Art. 15 n.º V	—
Art. 15 n.º VI	Art. 15 n.ᵒˢ I, II e III
Art. 15 n.º VII	Art. 10 n.º I
Art. 15 § 1.º	—
Art. 15 § 2.º	Art. 17 parágrafo único
Art. 15 § 3.º	Art. 4.º n.º I
Art. 15 § 4.º	Art. 22
Art. 15 § 5.º	Art. 22
Art. 15 § 6.º	—
Art. 15 § 7.º	—
Art. 15 § 8.º	Art. 18
Art. 15 § 9.º	Art. 21 n.º I letra "a"
Art. 16	Art. 8.º n.º II
Art. 17	Art. 4.º n.º I
Art. 19 n.º I	Art. 11
Art. 19 n.º II	Art. 14
Art. 19 n.º III	Art. 9.º n.º II
Art. 19 n.º IV	—
Art. 19 § 1.º	Art. 11 § 3.º
Art. 19 § 2.º	Art. 11 § 3.º
Art. 19 § 3.º	—
Art. 19 § 4.º	Art. 14 parágrafo único n.º I
Art. 19 § 5.º	—
Art. 20	—
Art. 21	—
Art. 26 § 4.º	Art. 8.º n.º I
Art. 27	Art. 2.º n.º III
Art. 29 n.º I	Art. 12
Art. 29 n.º II	Art. 12

Constituição	*Emenda "B"*
Art. 29 n.º III	Art. 11
Art. 29 n.º IV	—
Art. 29 n.º V	Art. 16
Art. 29 n.º VI	—
Art. 29 n.º VII	—
Art. 29 parágrafo único	—
Art. 30 n.º I	Art. 20
Art. 30 n.º II	Art. 19
Art. 30 parágrafo único	Art. 20
Art. 31 n.º V letra "a"	Art. 2.º n.º IV letra "a"
Art. 31 n.º V letra "b"	Art. 2.º n.º IV letras "b" e "c"
Art. 31 n.º V letra "c"	—
Art. 31 parágrafo único	Art. 2.º § 2.º
Art. 32	Art. 4.º n.º II
Art. 141 § 34	Art. 2.º n.ᵒˢ I e II
Art. 202	—
Art. 203	—

Emenda n.º 3

Art. 5.º	Art. 8.º n.º I

Emenda n.º 5

Não tem numeração de artigos	Arts. 9.º n.º II, 11, 12, 14, 16, 18, 21 n.º I letra "a" e 22

Emenda n.º 10

Art. 2.º	Art. 10 n.º I e art. 21 n.º I letra "a"
Art. 3.º	Art. 12

5/2. Por êsse quadro de confronto verifica-se que algumas disposições, que o art. 26 da Emenda "B" propõe revogar, nela não são reproduzidas ou têm correspondência, o que implica em excluí-las do texto constitucional. As disposições cuja supressão se propõe, e as razões justificativas dessas proposituras, são indicadas nos itens 5/3 a 5/18.

5/3. Art. 15, n.º V, da Constituição: atribui competência à União para cobrar impôsto sôbre a transferência de fundos para o exterior. Êste impôsto deixou de ser cobrado desde a Lei n.º 3.244, de 1957. Mesmo suprimida a atual matriz constitucional, o impôsto poderá voltar a ser cobrado pela forma prevista no art. 15, n.º I, da Emenda "B".

5/4. Art. 15, § 1.º, da Constituição: isenta do impôsto de consumo os artigos definidos como o mínimo indispensável à habitação, vestuário, alimentação e tratamento médico das pessoas de restrita capacidade econômica. A Comissão é de parecer que a Constituição deve conter apenas as isenções gerais, que afetem a estrutura do sistema tributário e seu funcionamento, evitando, porém, as de impostos específicos.

5/5. Art. 15, § 6.º, da Constituição: determina a aplicação, em benefícios de ordem rural, de metade da participação dos Municípios no produto do impôsto de renda. Dentro do espírito com que tratou a matéria das distribuições de receitas, a Comissão é contrária à imposição de vinculações às importâncias distribuídas, com a única ressalva do que se propõe no art. 22, § 1.º, da Emenda "B".

5/6. Art. 15, § 7.º, da Constituição: exclui da incidência do impôsto do sêlo federal os atos e instrumentos que se contenham na competência privativa dos Estados ou dos Municípios. Em face da nova repartição das competências e da redução do âmbito do impôsto federal a que se refere (art. 15 da Emenda), êste dispositivo deixa de ter aplicação.

5/7. Art. 19, n.º IV, da Constituição: atribui competência aos Estados para cobrar impôsto sôbre os atos regulados por suas leis, os do serviço da sua justiça e os negócios de sua economia. Em face da nova repartição das competências, especialmente do caráter antieconômico do impôsto federal similar, que inspirou a redução do seu alcance (art. 15 da Emenda), a Comissão é de parecer que êste impôsto deve ser abolido. De resto, o seu alcance, no âmbito estadual, é restrito, além de prestar-se êle a servir de instrumento a invasões de competência alheia e ao desvirtuamento da configuração legítima de outras figuras tributárias.

5/8. Art. 19, § 3.º, da Constituição: proíbe aos Estados tributar as obrigações da dívida pública dos outros dois governos, em limite superior ao que estabeleçam para as suas próprias. Em face da nova repartição das competências, e especialmente da limitação dos impostos de transmissão *inter vivos* e *causa mortis* tão só às transmissões de bens imóveis por natureza (art. 11 da Emenda), êste dispositivo deixa de ter objeto.

5/9. Art. 19, § 5.º, da Constituição: permite ao Senado autorizar os Estados, excepcional e temporàriamente, a aumentar a alíquota do impôsto de exportação. Com a passagem dêste impôsto para a competência federal (art. 9.º, n.º II, da Emenda), êste dispositivo deixa de ter aplicação.

5/10. Art. 20 da Constituição: determina que os Estados restituam aos Municípios 30% do que arrecadarem em excesso das rendas locais. De tôdas as participações atualmente vigorantes, esta é, no sentir da Comissão, a mais criticável, pelo seu caráter antieconômico, já assinalado no primeiro capítulo dêste relatório. Sua supressão, por isso e por ser inconciliável com os critérios propostos para a distribuição de receitas, é, porém, compensada pela atribuição, aos Municípios, de uma parcela do impôsto sôbre a circulação de mercadorias (art. 21, n.º II, da Emenda).

5/11. Art. 21 da Constituição: permite à União e aos Estados criar outros impostos além dos que lhes são privativamente atribuídos, e regula o mecanismo para resolver os casos de bitributação, pela prevalência do impôsto federal sôbre o estadual idêntico. A eliminação do chamado campo "residual" ou "concorrente", pelo dispositivo da Emenda (artigo 7.º) que admite exclusivamente os impostos nela referidos, torna inúteis as duas normas contidas neste artigo.

5/12. Art. 29, n.º IV, da Constituição: atribui aos Municípios o impôsto de licenças. A licença, entendida estritamente como a autorização para o exercício de uma atividade subordinada à fiscalização municipal, apenas justifica uma taxa ou um emolumento. O caráter de impôsto, que a Constituição lhe atribui, faz dela uma duplicação, ou um agravamento, do impôsto de indústrias e profissões, passível das mesmas críticas feitas a êste, no presente relatório, a propósito do art. 16 da Emenda "B". Com estas razões, a Comissão entende justificada a sua proposta de revogar-se o inciso IV do art. 29 da Constituição.

5/13. Art. 29, n.º VI, da Constituição: atribui aos Municípios o impôsto sôbre diversões públicas. Êste dispositivo é injustificável mesmo no atual sistema de discriminação de rendas: o impôsto nêle previsto é, na melhor das hipóteses, uma incidência específica do impôsto de licença ou do impôsto de indústrias e profissões; ou, na pior hipótese, uma duplicação dêsses mesmos tributos. Como, por outro lado, as diversões públicas enquadram-se no conceito genérico de "serviços", êste impôsto poderá ser cobrado pelos Municípios com fundamento no art. 16 da Emenda "B". A supressão do atual inciso VI do art. 29 da Constituição, portanto, aperfeiçoa o sistema e nada retira aos Municípios.

5/14. Art. 29, nº VII, da Constituição: atribui aos Municípios o impôsto sôbre atos de sua economia ou assuntos de sua competência. Trata-se do chamado "impôsto do sêlo municipal", ao qual se aplicam, talvez com ainda maior pertinência, as críticas feitas ao art. 19, n.º IV, da Constituição, relativo ao impôsto estadual similar. A elas a Comissão se reporta para justificar a proposta de supressão dêste dispositivo.

5/15. Art. 29, parágrafo único, da Constituição: exclui do impôsto territorial rural os sítios de área não excedente a 20 hectares, quando os cultive, só ou com sua família, o proprietário. A subsistência dêste dispositivo, como limitação da competência tributária municipal, só se explica por um cochilo da Emenda Constitucional n.º 10, que o deveria ter ajustado ou revogado quando transferiu para a União o impôsto territorial rural. Revogá-lo é, em qualquer hipótese, a melhor solução, ante a sua incompatibilidade com o programa da reforma agrária, de vez que empresta proteção tributária ao minifúndio.

5/16. Art. 202 da Constituição: dispõe que os tributos terão caráter pessoal, sempre que isso fôr possível, e serão graduados conforme a capacidade econômica do contribuinte. Sem embargo das respeitáveis opiniões de Aliomar Baleeiro e de Emílio Giardina, êste em comentário a disposição similar da Constituição italiana, a Comissão reputa inócuo êste dispositivo. Trata-se de simples regra programática, endereçada ao legislador ordinário, mas, pelo menos no sistema constitucional brasileiro, insuscetível de eficácia normativa, de vez que ao juiz não se reconhece latitude para apreciar os fundamentos extrajurídicos da lei. De qualquer forma, se se entender que o dispositivo merece ser preservado, o seu lugar próprio será no Capítulo I da Emenda "B", preferìvelmente como um seu nôvo art. 2.º.

5/17. Art. 203 da Constituição: em sua redação original, êste dispositivo dizia: "Nenhum impôsto gravará diretamente os direitos de autor, nem a remuneração de professôres e jornalistas". A êsse texto, o art. 5.º da Emenda Constitucional n.º 9 aditou: "... excetuando-se da isenção os impostos gerais (art. 15, n.º IV)". Cumpre, desde logo, apontar as flagrantes inadequações jurídicas e técnicas dêsse aditamento, que, além de chamar "isenção" ao que é, òbviamente, uma não incidência, remete a apenas um (o de renda) dentre os vários "impostos gerais" que a Constituição enumera. Mais sério é, porém, o fato de que êsse aditamento restringiu o alcance do dispositivo tão-sòmente a algum impôsto específico (porque não "geral") que visasse diretamente os direitos de autor e a remuneração de professôres e jornalistas. Como um tal impôsto é, evidentemente, inconcebível, a Comissão entende que o dispositivo, em sua atual redação, tornou-se inócuo, além de desfigurar o texto constitucional, razões bastantes, no seu entender, para justificar sua revogação. Em todo caso, se fôr decidido manter o dispositivo, caberá êle no Capítulo I da Emenda "B", preferìvelmente como um seu nôvo art. 3.º, porém, depois de devolvido à sua pureza original, isto é, expurgado do aditamento que lhe apensou a Emenda Constitucional n.º 9.

5/18. Emenda Constitucional n.º 5: a revogação integral desta Emenda justifica-se por uma simples questão de sistema, de vez que todos os seus dispositivos, modificando os arts. 15, 19 e 29 da Constituição, fazem objeto da Emenda "B". Aplicam-se, portanto, a êste caso, as justificativas contidas neste relatório, da preservação, modificação, ou supressão dos dispositivos constitucionais atingidos pela Emenda n.º 5.

5/19. O art. 27 da Emenda "B" concede um prazo cautelar, dentro do qual os atuais tributos dos três podêres poderão continuar a ser cobrados, mas sob a ressalva da sua revogação, modificação, ou substituição por outros, na conformidade do que nela se dispõe. O dispositivo excetua o impôsto de exportação, quanto ao qual entrarão em vigor, a 1.º de janeiro do ano seguinte ao da promulgação da Emenda, o seu art. 9.º, n.º II, e respectivos parágrafos 1.º (em parte) e 2.º. A antecipação da data da vigência do dispositivo constitucional relativo à transferência para a União do impôsto sôbre a exportação justifica-se pela necessidade de providências urgentes no sentido de dotar o govêrno federal de instrumento imprescindível, na atual conjuntura, à execução da política de comércio exterior. Ocorre, também, a circunstância de depender a implantação da medida apenas de lei federal, o que possibilita sua execução em prazo relativamente curto. A compensação financeira devida aos Estados que cobram, presentemente, o impôsto de exportação, poderia ser objeto de providência especial, em caráter de emergência.

Termina aqui o trabalho desta Comissão. Ela, e individualmente cada um dos seus membros, agradecem ao Govêrno, na pessoa de V. Exa., a designação cuja honra de muito superou o encargo. Só mais uma última palavra, que é parte do agradecimento e não excusa. Elaborar um sistema tributário em face de tamanhas disparidades econômicas, necessàriamente refletidas em inúmeros aspectos sociais, humanos, jurídicos e políticos, é tarefa de cujos executores só se pode exigir o possível a um máximo de esfôrço, de objetividade e de isenção de preconceitos. Êsse máximo é o que a Comissão está convicta de ter produzido dentro de suas limitações, mas com a inspiração de um ideal de confiança no futuro do Brasil e nos homens que respondem pelos seus destinos.

Rio de Janeiro, 18 de junho de 1.965.

Luiz Simões Lopes
Presidente

Rubens Gomes de Souza
Relator

Gerson Augusto da Silva
Secretário-Executivo

Sebastião Santana e Silva
Membro

Gilberto de Ulhôa Canto
Membro

Mário Henrique Simonsen
Membro

PROJETO ORIGINAL DE EMENDA CONSTITUCIONAL "A"

PROJETO ORIGINAL DE EMENDA CONSTITUCIONAL "A"

Modifica o art. 5.º, o § 2.º do art. 36, o art. 63, o art. 65, o art. 67, o art. 68, e o art. 69 da Constituição.

As Mesas da Câmara dos Deputados e do Senado Federal promulgam, nos têrmos do art. 217, § 4.º, da Constituição, a seguinte Emenda Constitucional:

Art. 1.º O art. 5.º da Constituição fica acrescido de um n.º XVI, com a seguinte redação:

XVI — expedir leis complementares desta Constituição, nos casos nela previstos e sempre que o Congresso Nacional, como preliminar da votação do respectivo projeto, o entender necessário para regular as condições de exercício de princípios ou direitos por ela estabelecidos ou reconhecidos.

Art. 2.º O § 2.º do art. 36 da Constituição passa a vigorar com a seguinte redação:

§ 2.º É vedado a qualquer dos podêres delegar atribuições, ressalvado o disposto no § 1.º do art. 9.º e no § 1.º do art. 15, ambos da Emenda "B".

Art. 3.º O art. 63 da Constituição fica acrescido de um n.º III, com a seguinte redação:

III — expedir resoluções nos casos previstos na Emenda "B".

Art. 4.º O art. 65 da Constituição fica acrescido de um n.º X, com a seguinte redação:

X — expedir, revogar ou modificar leis complementares.

Art. 5.º O § 3.º do art. 67 da Constituição fica substituído pelo seguinte:

§ 3.º A iniciativa das leis complementares compete ao Presidente da República; à Câmara dos Deputados e ao Senado Federal, pela quarta parte de seus membros, no mínimo; ou, ainda, às Assembléias Legislativas dos Estados, por proposição de mais da metade delas, no decurso de um ano, manifestando-se cada uma pela maioria de seus membros.

Parágrafo único. Ao art. 67 da Constituição é acrescentado o seguinte § 4.º:

§ 4.º A discussão dos projetos de lei de iniciativa do Presidente da República e, apenas no caso de leis complementares, das Assembléias Legislativas dos Estados, começará na Câmara dos Deputados.

Art. 6.º Fica acrescentado ao art. 68 da Constituição o seguinte parágrafo, passando o atual parágrafo único a ser o § 1.º:

§ 2.º Tratando-se de lei complementar o projeto será votado, sucessivamente, pela Câmara dos Deputados e pelo Senado Federal, ou vice-versa, em duas discussões com o intervalo mínimo de dez dias, considerando-se aprovado, rejeitado, ou emendado, pelo voto da maioria absoluta dos respectivos membros.

Art. 7.º Fica acrescentado ao art. 69 da Constituição, o seguinte parágrafo, passando o atual parágrafo único a ser o § 2.º:

§ 1.º No caso de lei complementar, a apreciação, pela Câmara originária, das emendas introduzidas pela Câmara revisora, far-se-á nos têrmos do § 2.º do artigo anterior.

Art. 8.º Esta Emenda entra em vigor na data de sua publicação.

PROJETO ORIGINAL DE EMENDA CONSTITUCIONAL "B"

PROJETO ORIGINAL DE EMENDA CONSTITUCIONAL "B"

> *Dispõe sôbre o sistema tributário nacional.*

As Mesas da Câmara dos Deputados e do Senado Federal promulgam, nos têrmos do art. 217, § 4.º, da Constituição, a seguinte Emenda Constitucional:

Capítulo I

Disposições Gerais

Art. 1.º O sistema tributário nacional compõe-se de impostos, taxas e contribuições de melhoria, e é regido pelo disposto nesta Emenda, em leis complementares, em resoluções do Senado Federal, e, nos limites das respectivas competências, em lei federal, estadual ou municipal.

Art. 2.º É vedado à União, aos Estados, ao Distrito Federal e aos Municípios:

I — instituir ou majorar tributo sem que a lei o estabeleça, ressalvados os casos previstos nesta Emenda;

II — cobrar impôsto sôbre o patrimônio e a renda, com base em lei posterior à data inicial do exercício financeiro a que corresponda;

III — estabelecer limitações ao tráfego, no território nacional, de pessoas ou mercadorias, por meio de tributos interestaduais ou intermunicipais;

IV — cobrar impostos sôbre:

    a) o patrimônio, a renda ou os serviços uns dos outros;

    b) templos de qualquer culto, na parte a êste destinada;

    c) o patrimônio, a renda ou serviços de partidos políticos e de instituições de educação ou de assistência social, observados os requisitos fixados em lei complementar.

§ 1.º O disposto na letra "a" do n.º IV é extensivo às autarquias, tão-sòmente no que se refere ao patrimônio, à renda ou aos serviços, vinculados às suas finalidades essenciais ou delas decorrentes.

§ 2.º O disposto na letra "a" do nº IV não é extensivo aos serviços públicos concedidos, cujo tratamento tributário será regulado pelo poder concedente no que se refere aos tributos de sua competência, observado o disposto no art. 3.º.

Art. 3.º Lei complementar pode, tendo em vista a necessidade de regular de modo sistemático determinadas atividades no interêsse nacional, outorgar isenções de impostos, tanto federais quanto estaduais e municipais.

Art. 4.º É vedado:

I — à União, instituir tributo que não seja uniforme em todo o território nacional, ou que importe em distinção ou preferência em favor de determinado Estado ou Município;

II — aos Estados, ao Distrito Federal e aos Municípios, estabelecer diferença tributária entre bens de qualquer natureza, em razão da sua procedência, do seu destino ou da sua situação.

Art. 5.º Sòmente a União, em casos excepcionais definidos em lei complementar, poderá instituir empréstimos compulsórios, ùnicamente com base nos impostos de sua competência.

Capítulo II

Dos Impostos

Seção I

Disposições Gerais

Art. 6.º Impôsto é o tributo cobrado independentemente de qualquer atividade específica do poder público relativa ao contribuinte.

Art. 7.º Os impostos componentes do sistema tributário nacional classificam-se em impostos sôbre o comércio exterior, impostos sôbre o patrimônio e a renda, impostos sôbre a produção e a circulação, e impostos especiais, incluindo-se em cada classe, exclusivamente, salvo o disposto no art. 18, os referidos nas seções seguintes dêste Capítulo, com as competências, características e limitações nelas previstas.

Art. 8.º Competem:

I — ao Distrito Federal e aos Estados não divididos em Municípios, cumulativamente, os impostos atribuídos aos Estados e aos Municípios;

II — à União, nos Territórios Federais, os impostos atribuídos aos Estados, e, se aquêles não forem divididos em Municípios, cumulativamente os atribuídos a êstes.

Seção II

Impostos sôbre o Comércio Exterior

Art. 9.º Competem à União:

I — o impôsto sôbre a importação de produtos estrangeiros, observado o que dispõe o parágrafo único do art. 17;

II — o impôsto sôbre a exportação, para o estrangeiro, de produtos nacionais.

§ 1.º O Poder Executivo pode, nas condições e nos limites estabelecidos em lei, alterar as alíquotas ou as bases de cálculo dos impostos a que se refere êste artigo, a fim de ajustá-los aos objetivos da política cambial e de comércio exterior.

§ 2.º A receita líquida do impôsto a que se refere o n.º II dêste artigo destina-se à formação de reservas monetárias, conforme dispuser a lei.

Seção III

Impostos sôbre o Patrimônio e a Renda

Art. 10. Competem à União:

I — o impôsto sôbre a propriedade territorial rural, observado o disposto no art. 21, n.º I letra "a";

II — o impôsto sôbre a renda, observado o disposto no art. 21, n? I, letra "b", e no art. 23.

Parágrafo único. A lei regulará de modo sistemático a tributação da propriedade territorial rural e da renda da sua exploração e alienação.

Art. 11. Compete aos Estados o impôsto sôbre a transmissão, *inter vivos* ou *causa mortis*, de bens imóveis por natureza, como definidos na lei civil, e de direitos reais sôbre imóveis, exceto os direitos reais de garantia.

73

§ 1.º O impôsto incidirá sôbre a cessão irretratável de direitos sôbre a propriedade imobiliária.

§ 2.º O impôsto não incidirá sôbre a conferência de bens imóveis ou de direitos reais sôbre imóveis, ao capital de pessoas jurídicas, salvo o daquelas cuja atividade preponderante, como definida em lei complementar, seja a venda ou a locação da propriedade imobiliária.

§ 3.º O impôsto compete ao Estado da situação do imóvel sôbre que versar a mutação patrimonial, mesmo que esta decorra de sucessão aberta no estrangeiro.

§ 4.º O impôsto não excederá os limites fixados em resolução do Senado Federal, nos têrmos do disposto em lei complementar, e o seu montante será dedutível do devido à União, nos têrmos do art. 10, n.º II, sôbre o ganho de capital decorrente da mesma transmissão.

Art. 12. Compete aos Municípios o impôsto sôbre a propriedade predial e territorial urbana.

Seção IV

Impostos sôbre a Produção e a Circulação

Art. 13. Compete à União, observado o disposto no parágrafo único do art. 17, o impôsto sôbre produtos industrializados, salvo quando destinados à exportação para o estrangeiro.

Parágrafo único. O impôsto é seletivo em função da essencialidade dos produtos, e não cumulativo, abatendo-se em cada operação, o montante cobrado nas anteriores.

Art. 14. Compete aos Estados, observado o disposto no parágrafo único do art. 17, o impôsto sôbre as operações relativas à circulação de mercadorias, realizadas por comerciantes, industriais e produtores, salvo a exportação para o estrangeiro.

Parágrafo único. O impôsto a que se refere êste artigo é:

I — uniforme para tôdas as mercadorias, não excedendo, nas operações que as destinem a outro Estado ou à exportação para o estrangeiro, o limite fixado em resolução do Senado Federal, nos têrmos do disposto em lei complementar;

II — não cumulativo, abatendo-se, em cada operação, o montante cobrado nas anteriores, pelo mesmo ou por outro Estado.

Art. 15. Compete à União o impôsto:

I — sôbre as operações de crédito, câmbio, seguro e capitalização;

II — sôbre operações relativas a títulos e valôres mobiliários;

III — sôbre serviços de transportes e comunicações, salvo os de natureza estritamente municipal.

§ 1.º O Poder Executivo pode, nas condições e nos limites estabelecidos em lei, alterar as alíquotas ou as bases de cálculo do impôsto, nos casos dos nᵒs I e II dêste artigo, a fim de ajustá-lo aos objetivos da política monetária.

§ 2.º A receita líquida dos impostos a que se referem os nᵒs I e II dêste artigo destina-se à formação de reservas monetárias, conforme dispuser a lei.

Art. 16. Compete aos Municípios o impôsto sôbre os serviços de qualquer natureza, não compreendidos no nᵒ III do art. 15.

Parágrafo único. O impôsto a que se refere êste artigo não incidirá sôbre atividades, nem será calculado sôbre o movimento econômico e a renda sujeitos a outros impostos referidos nestâ Emenda.

Seção V

Impostos Especiais

Art. 17. Compete à União, observado o disposto no art. 23, o impôsto sôbre:

I — produção, importação, circulação, distribuição ou consumo de combustíveis e lubrificantes líquidos ou gasosos de qualquer origem ou natureza;

II — produção, importação, distribuição ou consumo de energia elétrica;

II — produção, circulação ou consumo de minerais do país.

Parágrafo único. O impôsto incidirá uma só vez, sôbre qualquer das operações previstas em cada inciso dêste artigo, e exclui outros tributos incidentes sôbre aquelas operações, sejam de que natureza ou competência.

Art. 18. Compete à União, na iminência ou no caso de guerra externa, instituir, temporàriamente, impostos extraordinários, compreendidos ou não na enumeração constante dos arts. 9ᵒ a 17, suprimidos, gradativamente, no prazo máximo de cinco anos, contados da celebração da paz.

75

Capítulo III

Das Taxas

Art. 19. Taxa é o tributo cobrado pela prestação, efetiva ou potencial, ao contribuinte, de serviço público específico e divisível, de utilização obrigatória ou facultativa.

Parágrafo único. Competem à União, aos Estados, ao Distrito Federal e aos Municípios, as taxas relativas aos serviços instituídos no âmbito de suas respectivas atribuições.

Capítulo IV

Das Contribuições de Melhoria

Art. 20. Contribuição de melhoria é o tributo cobrado para fazer face ao custo de obra pública, da qual decorra valorização imobiliária, tendo como limite total a despesa realizada e como limite individual o acréscimo de valor que da obra decorrer para cada imóvel beneficiado.

Parágrafo único. Competem à União, aos Estados, ao Distrito Federal e aos Municípios as contribuições de melhoria relativas às obras empreendidas no âmbito de suas respectivas competências.

Capítulo V

Das Distribuições de Receitas Tributárias

Art. 21. Serão distribuídos;

I — pela União:

a) aos Municípios da localização dos imóveis, 80% (oitenta por cento) do produto da arrecadação do impôsto a que se refere o artigo 10, n.º I, desta Emenda;

b) aos Estados e aos Municípios, o produto da arrecadação, na fonte, do impôsto a que se refere o artigo 10, n.º II, incidente sôbre a renda das obrigações de sua dívida pública e sôbre os proventos dos seus servidores e dos de suas autarquias;

II — pelos Estados, 15% (quinze por cento) do produto da arrecadação do impôsto a que se refere o artigo 14 aos respectivos Municípios em que se tenham realizado as as operações.

Art. 22. Do produto líquido da arrecadação dos impostos a que se referem os arts. 10, n.º II, e 13, a União destinará 20% (vinte por cento) à constituição do Fundo de Participação dos Estados e Municípios, nos têrmos do disposto em lei complementar, que atribuirá, do total, 60% (sessenta por cento) aos Estados e ao Distrito Federal, e 40% (quarenta por cento) aos Municípios.

§ 1.º Das quotas resultantes da distribuição do Fundo, a que se refere êste artigo, pelo menos 50% (cinqüenta por cento) integrarão, obrigatòriamente, o orçamento de capital das unidades beneficiadas.

§ 2.º Lei complementar disporá sôbre a forma de aplicação dos recursos de que trata o parágrafo anterior, de modo assegurar ampla e eficiente coordenação dos programas de investimento da União, dos Estados e dos Municípios, em benefício do progresso econômico e social das respectivas regiões.

§ 3.º Para os efeitos dêste artigo, exclui-se do produto da arrecadação do impôsto a que se refere o art. 10, nº II, a parcela distribuída nos têrmos do art. 21, n.º I, letra "b".

Art. 23. Do produto da arrecadação do impôsto a que se refere o art. 17 serão distribuídos aos Estados, ao Distrito Federal e aos Municípios 60% (sessenta por cento) do que incidir sôbre operações relativas a combustíveis, lubrificantes e energia elétrica, e 90% (noventa por cento) do que incidir sôbre operações relativas a minerais do país.

Parágrafo único. A distribuição prevista neste artigo será regulada em resolução do Senado Federal, nos têrmos do disposto em lei complementar, proporcionalmente à superfície e à população das entidades beneficiadas, e à produção e ao consumo, nos respectivos territórios, dos produtos a que se refere o impôsto.

Art. 24. A lei federal pode cometer aos Estados, ao Distrito Federal, ou aos Municípios o encargo de arrecadar os impostos, de competência da União, cujo produto lhes seja distribuído no todo ou em parte.

Parágrafo único. O disposto neste artigo aplica-se à arrecadação dos impostos de competência dos Estados, cujo produto êstes venham a distribuir, no todo ou em parte, aos respectivos Municípios.

Art. 25. Lei complementar regulará os prazos, a forma e as condições necessárias a assegurar o recebimento das distribuições previstas nos arts. 21 a 23, de modo a excluir qualquer discrição por parte dos governos que as devam efetuar.

Capítulo VI

Disposições Finais e Transitórias

Art. 26. Ressalvado o disposto no art. 27 e seu parágrafo único, ficam revogados e substituídos pelas disposições desta Emenda o art. 15 e seus parágrafos, o art. 16, o art. 17, o art. 19 e seus parágrafos, o art. 20, o art. 21, o § 4.º do art. 26, o art. 27, o art. 29 e seu parágrafo único, os n.ºs I e II do art. 30 e seu parágrafo único, o n.º V do art. 31 e seu parágrafo único, o art. 32, o § 34 do art. 141, o art. 202 e o art. 203 da Constituição, o art. 5.º da Emenda Constitucional n.º 3, a Emenda Constitucional n.º 5 e os artigos 2.º e 3º da Emenda Constitucional n? 10.

Art. 27. Os tributos de competência da União, dos Estados, do Distrito Federal e dos Municípios, vigentes à data da promulgação desta Emenda, salvo o impôsto de exportação, poderão continuar a ser cobrados até 31 de dezembro de 1966, devendo, nesse prazo, ser revogados, alterados ou substituídos por outros, na conformidade do disposto nesta Emenda.

Parágrafo único. Entrará em vigor a 1.º de janeiro do ano seguinte ao da promulgação desta Emenda, o disposto no art. 9.º, n.º II, no seu parágrafo 2.º, e, quanto ao impôsto de exportação, o previsto no seu parágrafo 1.º.

Anexo II

- SEGUNDO RELATÓRIO DA COMISSÃO
- PROJETO REVISTO DE EMENDA CONSTITUCIONAL "A"
- PROJETO REVISTO DE EMENDA CONSTITUCIONAL "B"

SEGUNDO RELATÓRIO DA COMISSÃO

SEGUNDO RELATÓRIO DA COMISSÃO

Excelentíssimo Senhor Ministro da Fazenda.

A Comissão criada pela Portaria n.º GB-30, de 27 de janeiro de 1965, tendo voltado a reunir-se, por convocação de V. Exa., nos dias 21, 22 e 23 de outubro do corrente ano, para reexaminar, em face das críticas, sugestões e colaborações recebidas, o Anteprojeto que acompanhou seu Relatório de 18 de junho último, apresenta a V. Exa. o resultado dêsse seu nôvo trabalho e pede vênia para justificá-lo pelas observações a seguir expostas.

CONSIDERAÇÕES GERAIS

1. Poucas proposições legislativas terão provocado ataques tão virulentos como os que se desencadearam contra o Anteprojeto pela imprensa, pelo rádio, pela televisão e por outros meios de informação e influência da opinião pública, tão logo foi êle divulgado na publicação n.º 6 da Comissão de Reforma do Ministério da Fazenda, da Fundação Getúlio Vargas, intitulada "Reforma da Discriminação Constitucional de Rendas". No exame de todo êsse imenso material publicitário, entretanto, a Comissão se ateve rigorosamente ao critério de alijar aquelas críticas que, sem analisar a propositura ou seus fundamentos expostos no Relatório, para lhes pesquisar os méritos ou os deméritos, limitaram-se a uma atitude negativa de rejeição liminar, inspirada, implícita ou declaradamente, em premissas ou preconceitos exclusivamente políticos.

2. Assim agindo, a Comissão não teve a veleidade, irrealista ou mesmo arrogante, de desprezar a importância do fator político, inseparável de tôda proposição legislativa e, mais ainda, de um projeto de reforma constitucional, sobretudo quando verse sôbre matéria tributária, de interêsse tão direto e imediato para todos os cidadãos, como para as entidades representativas das classes produtoras e, finalmente, para os Governos que teriam afetadas suas faculdades e seus podêres, sem excluir o próprio Govêrno Federal, que entretanto se pretendeu ser o único beneficiário da reforma.

3. Há que distinguir, porém, entre a política em seu sentido elevado, de síntese final das premissas econômicas, financeiras, jurídicas e técnicas do problema, que, sob a inspiração de convicções

nutridas pelo propósito de realizar o bem comum, indicará a solução a adotar; e a deformação dêsse conceito, tendendo a reduzir a política ao nível inferior de mero instrumento de interêsses regionais ou de grupos de pressão, na defesa de posições conquistadas ou mesmo do simples comodismo imobilista, desatento aos reclamos da realidade e às exigências do progresso, encarados, aquela e êste, no plano nacional em que cumpre buscar o justo equilíbrio corretor das disparidades econômicas, sociais e humanas a que já aludia a Comissão no final do seu Relatório.

4. Mas ainda sob aquêle aspecto legítimo, em que o elemento político é uma componente necessária do problema proposto à Comissão, cumpria distinguir entre um fator técnico e outro a que se poderia chamar governamental. Dêstes fatôres, apenas o primeiro, concebido em têrmos de política especìficamente fiscal, reentrava no âmbito das atribuições da Comissão. Em outras palavras, a política fiscal era uma das premissas técnicas de que falamos mais acima, orientadoras da solução a ser proposta. Já o segundo fator, que diríamos governamental, compete aos responsáveis pela conduta do país, como administradores ou legisladores, e só êles estão habilitados a aplicá-lo para aceitar, emendar ou rejeitar a colaboração que os técnicos ofereçam à sua árdua e nobre tarefa de governar o país e traçar-lhe os destinos. Neste sentido limitado ao alcance de sua competência, a Comissão está consciente de ter atendido ao fator político, já na feitura do Anteprojeto, e agora na sua revisão, o quanto lhe permitiram as capacidades individuais de seus membros, coligadas num esfôrço comum, inclusive, não raro, com sacrifício de opiniões ou tendências pessoais no interêsse da unidade do trabalho e da preservação dos propósitos que o inspiraram.

5. No presente trabalho de revisão, a Comissão tomou, naturalmente, como ponto de partida o seu próprio Anteprojeto, tal como consta da citada publicação n.º 6 da Fundação Getúlio Vargas, mas confrontando-o com as modificações introduzidas em seu texto pelo Exm.º Sr. Ministro da Fazenda ao apresentá-lo a S. Exa. o Sr. Presidente da República com a Exposição n.º 762, de 17 de setembro de 1965, cuja cópia foi encaminhada ao Presidente da Comissão por carta de 13 de outubro, e considerou muito especialmente os seguintes elementos:

a) Parecer e substitutivo, elaborados por Comissão, de que Presidente e Relator o Dr. Hely Lopes Meirelles, designado pela Associação Paulista de Municípios, e que aparentemente tomou o caráter nacional, de vez que sua entrega a S. Exa. o Sr. Presidente da República, em 19 de outubro de 1965, foi efetuada, segundo o noticiário da imprensa, por comitiva integrada por representantes de vários Municípios de diferentes Estados; cumprindo notar, ainda, que êsse trabalho parece representar também o pensamento do Estado de São Paulo, porquanto êste, além de ter um representante na Comissão que o elaborou, dêle fêz entrega, na mesma data, ao Exm⁰. Sr. Ministro da Fazenda.

b) Parecer, com emendas, oferecido pela Federação do Comércio do Estado de São Paulo, por carta de 20 de outubro de 1965, dirigida ao Relator desta Comissão.

c) Parecer n.º 26, de 12 de outubro de 1965, da Assessoria Jurídica da Federação das Indústrias do Estado de São Paulo, de que foi Relator o Dr. José Manoel da Silva, embora, ao tempo, ainda não apreciado por aquela entidade.

d) Conferência proferida na Faculdade Paulista de Direito, da Pontifícia Universidade Católica de São Paulo, pelo ex-Governador do Estado e ex-Ministro da Fazenda, Professor Dr. Carlos Alberto A. de Carvalho Pinto, de cujas conclusões a Comissão teve conhecimento pelo jornal "O Estado de São Paulo", edição de 1.º de outubro de 1965.

Por não terem sido recebidos a tempo, não puderam ser considerados o parecer do Prof. Antonio Roberto Sampaio Dória à Associação Comercial de São Paulo e a conferência do Dr. Affonso Almiro Ribeiro da Costa Jr., no Conselho Técnico da Confederação Nacional do Comércio, publicada na "Carta Mensal" daquela entidade, vol. XI, nº 124, referente a julho de 1965. Por outro lado, vários membros da Comissão, por iniciativa própria, estabeleceram contato, verbalmente ou por carta, com economistas e juristas especializados, e com autoridades fiscais de vários Estados e Municípios.

SISTEMÁTICA DO ANTEPROJETO

6. Criticou-se o Anteprojeto por afastar-se da técnica tradicional às Constituições brasileiras, de reunir em três artigos (os atuais arts. 15, 19 e 29) as competências impositivas respectivas da União, dos Estados e dos Municípios, e se o acusou de espalhar as competências tributárias de cada um daqueles três níveis de govêrno por diferentes artigos disseminados ao longo de tôda a Emenda "B". O Substitutivo da Associação Paulista de Municípios propugna a volta ao método atual, mantendo, embora com modificações, os dispositivos do texto vigente, em lugar de reuni-los em um mesmo Título integrado, que, compreendendo também as demais normas constitucionais relativas à tributação, se agregaria à Carta Magna, embora com o inconveniente puramente formal de deixar na seqüência numérica de seus artigos os claros correspondentes aos textos revogados ou transplantados.

7. Essa crítica esquece que o Anteprojeto — pôsto que talvez com algum excesso sôbre a definição literal das atribuições da Co-

missão na Portaria que a criou — visa a organizar em sistema o direito tributário constitucional, e não meramente reformular a discriminação de rendas. Dito isto, está também rebatida a objeção de que as competências tributárias de um mesmo govêrno estariam espalhadas através do texto. Com efeito, o Anteprojeto, como amplamente o esclarece o Relatório, não atribui competências com relação a determinados tributos, mas distribui campos de imposição, o que basta para explicar a classificação por tipos de incidência e não mais por governos tributantes. De resto, parece à Comissão que será tècnicamente mais perfeito, e mais cômodo para o intérprete e o aplicador da lei, reunir em um Título específico tôdas as disposições constitucionais tributárias, em lugar de deixá-las — isso sim — espalhadas ao longo do texto de tôda a Constituição: afirmativa que se evidencia pela simples leitura do art. 25, onde vem o elenco das atuais disposições que passariam a integrar o Título específico proposto.

LEIS COMPLEMENTARES

8.   O art. 1º da Emenda "A", que tem corolários nos arts. 4º e 7.º, polarizou as críticas de natureza política, no tocante ao que se quis entender como uma excessiva centralização do sistema, senão como uma superfetação do poder legislativo federal, em prejuízo das autonomias dos Estados e dos Municípios. Essas críticas não parecem ter atentado suficientemente para o fato de que a iniciativa das leis complementares, conferida inclusive às Assembléias Legislativas estaduais, e o processo da sua tramitação, inspirado no das emendas à própria Constituição, visam precisamente preservar aquelas autonomias, já que a lei complementar é proposta para as hipóteses em que a norma, necessàriamente centralizada a bem da inteireza do sistema, seja entretanto suscetível de afetar simultâneamente direitos ou interêsses de mais de um govêrno.

9.   Sem embargo dessa ressalva, a crítica, no que tem de atendível, visou mais diretamente a parte final do nôvo inciso XVI proposto para o art. 5º da Constituição, e que estende as hipóteses de lei complementar, além das previstas no próprio texto, também àquelas em que o Congresso Nacional entenda, preliminarmente, ser caso de utilizar-se a figura legislativa em questão. Alegou-se que, assim, a própria Constituição teria sua solidez solapada, bastando uma lei, que apenas se distingue da lei ordinária, para modificar-lhe o texto, talvez ao sabor de maiorias ocasionais. Parece à Comissão que êsse temor seja infundado, sendo suficiente para afastá-lo o mecanismo da própria elaboração legislativa. Não obstante, a Comissão acede à crítica, nessa parte, e reformula o art. 1º da Emenda "A" para que o inciso XVI do art. 5º diga apenas "expedir leis complementares desta Constituição, nos casos nela previstos".

10. Assim reformulado, o art. 1º da Emenda "A" circunscreve o âmbito das leis complementares tão-só à matéria tributária, afastando a objeção, que se quisesse fazer, de ter a Comissão excedido a definição literal de suas atribuições pela Portaria que a criou. Por outro lado, a previsão de outras hipóteses de lei complementar, que a experiência venha a aconselhar, passará a exigir reforma da Constituição, de vez que só esta pode autorizar o recurso àquela modalidade legislativa. À vista disto, a Comissão, desde logo, foi levada a sugerir mais duas hipóteses de leis complementares, além das que constavam do texto original da Emenda "B": estão elas no § 2.º do art. 13 e no parágrafo único do art. 16 do texto revisto. Êste fala, ainda, em lei complementar no § 1º do art. 22, que corresponde ao *caput* do artigo de igual número do texto original, porém agora com âmbito e conteúdo diversos, que a seu tempo serão comentados.

11. Finalmente, e pela mesma razão indicada no item precedente, a Comissão proporia que se acrescentasse, ao próprio texto revisto, mais uma hipótese constitucional de lei complementar, para determinar que tivessem essa natureza as leis de "normas gerais de direito financeiro" a que se refere o atual art. 5º, nº XV, letra "B" da Constituição. Dentre tais normas estão, como aponta o Relatório da Comissão Especial do Código Tributário Nacional as que definam o fato gerador, a base de cálculo, e, eventualmente, o contribuinte dos impostos de competência não só federal, como estadual e municipal. É, portanto, evidente a conveniência de que tais normas definidoras se consubstanciem em lei complementar, à vista da finalidade dessa figura, recordada no item 8 supra. Assim sendo, caberia acrescentar à Emenda "A" disposição modificativa da letra "B" do inciso XV do atual art. 5.º da Constituição, para fazê-lo dizer:

> *b)* normas gerais de seguro e previdência social; de defesa e proteção da saúde; de regime penitenciário; e, por lei complementar, normas gerais de direito financeiro;

A rigor, parece à Comissão que tôda a matéria dessa alínea "b" e mesmo a de outras alíneas do art. 5º, nº XV, justificariam a lei complementar, por envolverem legislação sôbre normas gerais a serem observadas pela lei ordinária federal, estadual ou municipal; mas o texto acima proposto reflete a preocupação da Comissão de manter-se estritamente nos limites de suas atribuições em matéria tributária exclusivamente.

RESOLUÇÕES DO SENADO FEDERAL

12. Não se convenceu a Comissão da procedência das críticas alinhadas contra o emprêgo proposto desta modalidade de exercício do poder de legislar. Observou-se, notadamente, que por êste

87

meio se atribuiria a uma só das Casas do Congresso um poder de iniciativa, contrário à índole do sistema bicameral, ao passo que as hipóteses hoje previstas não têm êsse caráter, eis que se limitam a dar eficácia normativa a decisões do Poder Judiciário, ou a ratificar certos atos do Poder Executivo na esfera administrativa.

13. O argumento improcede, por não atender para o fato de que, à resolução do Senado, se atribui a função limitada de ajustar a norma legal objetiva às condições materiais existentes em determinado tempo e lugar. Mesmo com essa finalidade restrita, a resolução do Senado é, invariàvelmente, vinculada às normas gerais traçadas à atuação daquele órgão por lei complementar: cf. o art. 10, § 4º, o art. 13, § 1º e o art. 23, parágrafo único, todos da Emenda "B", texto revisto. Assim, o processo legislativo da lei complementar invalida a crítica de iniciativa unilateral do Senado e a delimitação, por aquela, da atuação dêste afasta o risco apontado de soluções regionalistas baseadas na congregação do voto dos representantes de certos Estados em detrimento dos interêsses de outros.

14. É certo que as soluções dos casos concretos terão inspiração regionalista: mas esta há de ser entendida nos limites técnicos traçados pela lei complementar. Isto foi previsto e desejado, como meio prático de ajustar o princípio político-jurídico da igualdade da lei em todo o território nacional às desigualdades econômico-sociais aparentes dentro daquele território. Em suma, a idéia diretriz foi a de imprimir ao sistema tributário, sem prejuízo das garantias políticas e jurídicas, a flexibilidade técnica e econômica indispensável ao seu funcionamento no âmbito nacional. Também por esta razão, não pareceu à Comissão que o mecanismo fôsse aperfeiçoado, como se sugeriu, pela atribuição das funções, que o Anteprojeto comete ao Senado, a um órgão colegiado em que União, Estados e Municípios tivessem representantes ao lado de técnicos independentes. No funcionamento de um tal órgão, as influências políticas estariam necessàriamente presentes, talvez entravando a ação dos técnicos que, no sistema proposto, terá maiores oportunidades de se desenvolver na feitura das leis complementares.

COMPOSIÇÃO DO SISTEMA

15. Criticou-se o art. 1º da Emenda "B" e, por corolário, o seu art. 20 (que conserva êsse número no texto revisto), por isso que, ao lado dos impostos e das taxas, limitam a figura da contribuição especìficamente à "de melhoria", ligada à valorização imobiliária. Observou-se que, com isso, fica fora do sistema todo o

imenso campo da chamada "parafiscalidade" e se recusa caráter tributário às contribuições de previdência social.

16. A Comissão mantém o critério que adotara ao redigir o texto original, e que é o mesmo que já inspirara em 1953/54 a Comissão Especial do Código Tributário Nacional: as exações, ditas "parafiscais", entre elas as de previdência, diferem das pròpriamente "fiscais" apenas no objetivo que visam, que por sua vez determina o destino do respectivo produto. Nenhum dêsses fatôres, entretanto, é jurìdicamente hábil para condicionar o próprio conceito do tributo. Em outras palavras, as exações "parafiscais" ou são impostos ou são taxas. É certo que, reconhecendo o Anteprojeto, no art. 6º do texto revisto (art. 7º do texto original) exclusivamente os impostos relacionados na própria Emenda, as exações "parafiscais" terão de se legitimar como taxas, figura que, de resto, parece mais adequada à sua natureza. Entretanto, em parte por fôrça de objeção aqui analisada, a Comissão, ao rever o seu trabalho, introduziu no conceito de taxa (art. 19 dos textos revisto e original) um temperamento que será comentado a seu tempo.

17. Por outro lado, não pareceu à Comissão prudente atender à objeção em têrmos mais amplos, que fizessem da contribuição um *tertium genus* indeterminado, em que, como um momento pareceu ao seu Relator quando elaborou, em 1953, o Anteprojeto do Código Tributário Nacional, se agasalhassem todos os tributos que não fôssem, especìficamente, impostos ou taxas. As observações feitas no Relatório desta Comissão, acêrca das frinchas por onde se introduzem, na atual discriminação de rendas, distorções jurídicas capazes de torná-la inoperante, bastam para desaconselhar semelhante elastério no sistema proposto e que se pretende integrado. Acresce que, na doutrina mais moderna, tanto nacional como estrangeira, ganha terreno a idéia de que as espécies tributárias são apenas duas, o impôsto e a taxa, enquadrando-se as contribuições como uma modalidade destas últimas. Finalmente, no pensamento, senão da Comissão, pelo menos de alguns dos seus membros, a própria contribuição de melhoria, como a esquematiza o art. 30 da Constituição, que o Anteprojeto repete, é antes um impôsto sôbre um ganho potencial de capital, ou sôbre o patrimônio cuja medida é dada pela valorização imobiliária.

18. Ainda no tocante à composição do sistema, a Comissão suprimiu, no art. 6.º revisto (art. 7.º original) a menção expressa à classificação dos impostos em quatro grupos. A alteração é apenas redacional, pois a classificação subsiste nos intitulados das Seções II a V do Capítulo II da Emenda "B": isso é suficiente, e atende, na medida do razoável, à imputação de "didatismo" que se fêz a êsse e a outros dispositivos do Anteprojeto.

LIMITAÇÕES CONSTITUCIONAIS

19. A Comissão manteve o art. 2.º do texto original da Emenda "B", com apenas duas alterações:

a) no inciso II, o texto anexo à Exposição n.º 762 do Exm.º Sr. Ministro da Fazenda excluía do princípio da anualidade "os casos de impôsto sôbre rendimentos sujeitos a arrecadação na fonte"; a Comissão, *data venia*, não aceitou essa ressalva, pois, de seus próprios têrmos resulta que ela se referia apenas a um método ou processo de arrecadação, sem influência, portanto, sôbre a natureza jurídica do tributo; êste continua a ser o impôsto de renda, permanecendo válidas, portanto, as observações feitas no item 3/7 do Relatório, a justificar o texto original, que a Comissão restaurou;

b) no inciso IV, letra *b*, a Comissão aceitou sugestões supressivas das palavras que restringiam a imunidade tributária dos templos tão só à parte destinada ao culto; a restrição ora suprimida visava, como é óbvio, prevenir eventuais ampliações indevidas do espírito da norma, que entretanto a jurisprudência corrigirá nos casos porventura ocorrentes.

20. O art. 3.º da Emenda "B" não deixou de suscitar a esperada reação contra a faculdade conferida à União, se bem que por lei complementar, de outorgar isenções de impostos estaduais e municipais às atividades cuja regulamentação sistemática apresentasse interêsse nacional. No texto anexo à Exposição n.º 762, o Exmo. Sr. Ministro da Fazenda suprimiu o dispositivo, atuado por um elevado propósito de moralidade administrativa: o de impedir que a União, exercitando atividades não governamentais em concorrência com particulares, pudesse forrar-se a encargos que normalmente afetam a composição dos preços. A Comissão, reportando-se ao que dissera no item 3/12 do seu Relatório, e considerando que a motivação que inspirara a supressão do dispositivo não se aplica aos serviços públicos desempenhados à base de tarifas, tomou sôbre si a responsabilidade de restaurar a norma, porém com redação modificada, que lhe restringe o alcance tão só aos serviços públicos federais exercidos por concessão ou por entidades paraestatais ou de economia mista, e ainda assim quando a medida atenda a relevante interêsse social ou econômico nacional.

21. Os arts. 4.º e 5.º da Emenda "B" foram mantidos com a redação que tinham no texto original, salvo pela supressão, no inciso II do art. 4.º, da norma proibitiva de diferenciação tributária em razão da situação dos bens. A norma suprimida fôra, no texto original, acrescentada ao que hoje dispõe o art. 32 da Constituição, visando especialmente o impôsto de transmissão. Entretanto, com a regra de que êsse impôsto compete sempre ao Estado da situação dos bens objeto da mutação patrimonial tributada (art. 11, § 3.º, do texto

original, e art. 10, § 3.º do texto revisto), a proibição já podia ser considerada ociosa; ademais, como ponderou a crítica, ela se aplicaria mais diretamente aos impostos sôbre a propriedade imobiliária, e então teria o efeito nocivo de entravar o exercício do poder de polícia, notadamente no tocante a medidas de zoneamento urbano. Por outro lado, o texto revisto conserva o acréscimo, já feito pelo texto original ao citado art. 32 da Constituição, da proibição de tratamento diferencial em razão do destino dos bens: essa norma é evidentemente essencial à eficácia do previsto no § 1.º do art. 13, quanto às operações de comércio interestaduais ou internacionais.

IMPOSTOS EM GERAL

22. O art. 6.º da Emenda "B", em sua redação original, definia a figura do impôsto, em têrmos colhidos no Projeto de Código Tributário Nacional, incorporando a revisão já adotada pela Comissão que está reexaminando aquêle projeto. A crítica a êsse artigo, e aos arts. 19 e 20 do texto original, reiterou as conhecidas objeções à inclusão de definições na lei, que a Comissão já antecipara no item 3/15 do seu Relatório. Objetou-se ainda que a Emenda "B" era incoerente ou incompleta porque, definindo as espécies, omitia a definição do gênero tributo. Sob êste aspecto, poder-se-ia responder que, identificadas as espécies, e sendo elas as únicas reconhecidas, a definição do gênero tornava-se desnecessária, a não ser para fins meramente administrativos ou burocráticos, melhor deixados à lei ordinária, que aliás já cuida do assunto no art. 9.º da Lei n.º 4.320 de 17/3/64. Todavia, estando as figuras impositivas identificadas na Emenda "B" por via de referência às suas bases econômicas, e sendo essas figuras excludentes de quaisquer outras, salvo na hipótese excepcional da tributação temporária por motivo de guerra, entendeu a Comissão que se poderia dispensar a conceituação normativa do gênero "impôsto", e nessa conformidade excluiu, do texto revisto, o art. 6.º do texto original. Manteve, porém, a Comissão as conceituações de taxa e de contribuição de melhoria, pelos fundamentos que adiante serão indicados. Em conseqüência, o art. 6.º do texto revisto passou a corresponder ao art. 7.º do texto original, com a modificação já referida no item 18 supra.

23. O art. 7.º do texto revisto corresponde ao art. 8.º do texto original, com apenas uma modificação: esclareceu-se, no inciso I, que ao Distrito Federal e aos Estados não divididos em Municípios competem, não apenas os impostos, mas também as participações atribuídas aos Estados e aos Municípios. Não se fazia mister igual explicitação no inciso II, relativo aos Territórios, de vez que, sendo a sua tributação arrecadada pela União, evidentemente não teria sentido dispor que esta outorgaria participações a si própria.

IMPOSTOS SÔBRE O COMÉRCIO EXTERIOR

24. No art. 8.º do texto revisto (correspondente ao art. 9.º do texto original), suprimiu-se, no inciso I, relativo ao impôsto de importação, a remissão ao art. 17, que trata do impôsto único sôbre combustíveis, lubrificantes, energia elétrica e minérios. Esta alteração foi adotada também nos demais artigos onde a remissão aparecia; atendeu-se, assim, à sugestão de serem evitadas as remissões dispensáveis, aplicável ao caso de vez que o citado art. 17 deixa claro que o impôsto nêle previsto substitui-se a qualquer outro. No inciso II dêste artigo, que trata do impôsto sôbre a exportação de produtos nacionais, acrescentou-se "ou nacionalizados", colocando o dispositivo em consonância com o tratamento do assunto no direito aduaneiro.

IMPOSTOS SÔBRE O PATRIMÔNIO E A RENDA

25. No art. 9.º do texto revisto (correspondente ao art. 10 do texto original), suprimiram-se, nos incisos I e II, em face da sugestão já referida no item 24 supra, as remissões aos artigos que tratam das redistribuições do produto dos impostos previstos naqueles incisos. No tocante ao impôsto territorial rural (inciso I), a Comissão deteve-se no estudo da idéia, concebida por ela própria, de cindi-lo em dois, mantendo na competência da União o impôsto graduado segundo as características da propriedade imóvel e da sua exploração, cujo produto seria entregue aos Municípios; e atribuindo a êstes o impôsto uniforme, por alíquota-teto, exclusivamente na base do valor fundiário. Essa idéia teve, entretanto, de ser abandonada ante as dificuldades práticas de sua conciliação com a política sócio-econômica consubstanciada no Estatuto da Terra. Ainda no art. 9.º, agora no inciso II, reverteu-se à fórmula "impôsto sôbre a renda e proventos de qualquer natureza" do atual art. 15, n.º IV, da Constituição, sem embargo de a Comissão não a considerar satisfatória, de vez que a expressão "proventos", por sua imprecisão, presta-se a entendimentos demasiado elásticos ou, ao contrário, restritivos. Todavia, a expressão "ganhos de capital", usada pela Comissão no texto original, deu azo a críticas que revelavam o temor de que a União pretendesse desfigurar o impôsto de renda em impôsto sôbre o patrimônio, levando a Comissão a transigir com a maior precisão técnica em favor de uma fórmula já tradicional no direito tributário brasileiro. Finalmente, suprimiu-se o parágrafo único, relativo à regulamentação legal sistemática da tributação da propriedade rural e da renda da sua exploração e alienação; a norma, embora útil como orientação ao legislador ordinário, era, entretanto, dispensável, de vez que os dois impostos se contêm na competência legislativa do mesmo poder.

26. O art. 10 do texto revisto (correspondente ao art. 9.º do texto original) incorpora várias modificações que a Comissão considera decididamente como melhorias. Em primeiro lugar, passou-se a falar em impôsto sôbre a transmissão, "a qualquer título", de bens ou direitos, em lugar de referir às noções civilistas de transmissão *inter vivos* ou *causa mortis;* com isto, não só se reforça a idéia do tratamento unitário e sistemático do impôsto, como se acentua, como base econômica de sua incidência, o fato da transmissão, prescindindo de mencionar simples modalidades sem influência sôbre a natureza do fenômeno tributado. Em segundo lugar, corrigiu-se a omissão, apontada pela crítica, da referência aos imóveis "por acessão física", que teria deixado à margem do impôsto as construções e benfeitorias aderidas ao solo. Em terceiro lugar, explicitou-se, no § 1.º, que a incidência é sôbre a cessão dos direitos "relativos à aquisição" dos bens referidos no artigo, para evitar interpretações além do espírito do dispositivo; mas, do mesmo passo, suprimiu-se a qualificação "irretratável", de vez que a não-retratação "de fato" produz os mesmos efeitos econômicos da irretratabilidade contratual. Em quarto lugar, no § 2.º, substituíram-se as palavras "bens imóveis ou... direitos reais sôbre imóveis" pelas palavras "bens ou direitos referidos neste artigo", que dizem o mesmo mais simplesmente; e acrescentou-se, na definição da atividade das pessoas jurídicas, referência à "cessão de direitos relativos à aquisição da propriedade imobiliária", para dar ao parágrafo âmbito igual ao do artigo de que faz parte. Finalmente, melhorou-se a redação do § 4.º, além de ajustá-la ao nôvo texto do art. 9.º, n.º II, falando em "provento" em vez de "ganho de capital". Não é sem propósito observar, para concluir o exame dêste artigo, que os Municípios nada objetaram contra a restituição do impôsto *inter vivos* aos Estados, reforçando assim o pensamento da Comissão quanto à implantação adequada do tributo e à inocuidade da Emenda Constitucional n.º 5 a seu respeito.

27. O art. 11 do texto revisto reproduz sem alteração o art. 12 do texto original.

IMPOSTOS SÔBRE A PRODUÇÃO E A CIRCULAÇÃO

28. No art. 12 do texto revisto (correspondente ao art. 13 do texto original), suprimiram-se a remissão ao art. 17, pelas razões já indicadas no item 24 supra; e a ressalva final, que excluía da incidência os produtos destinados à exportação. A norma é de política fiscal, mas não afeta a própria conceituação do tributo sôbre a produção: por isso, preferiu-se deixar ao legislador ordinário maior latitude de apreciação, que lhe permita atender ao que recomendem as condições econômicas, não só quanto ao impôsto em geral, como mesmo em relação a determinadas incidências, já que es-

tas são seletivas em função da natureza dos produtos. Cumpre registrar aqui que não faltaram críticas imputando à Comissão, com referência a êste impôsto e ao tratado no artigo seguinte, incoerência com a sua própria premissa de eliminar as sobreposições de tributos econômicamente idênticos. Essas objeções desconsideram que o Anteprojeto procurou justamente um tratamento sistemático de dois impostos incidentes sôbre fases distintas do processo de produção e comercialização das mercadorias. Talvez fôsse mais atendível a crítica se propugnasse uma inversão do tratamento atual dos dois impostos, para atribuir-se o de produção aos Estados ,e o de circulação à União: isto porque a produção seria um fato gerador localizado, ao passo que o impôsto de circulação difunde seus efeitos econômicos sôbre todo o território nacional, assumindo assim a feição de um tributo do poder central, que aliás teve até 1934, de conformidade com o que já ensinava, no comêço do século, o clássico Frederico Flora. Entretanto, isto só seria rigorosamente exato se o impôsto de produção tivesse incidência única por alíquota consolidada; sendo êle, como o de circulação, um impôsto de incidência múltipla, embora minorada pela base de cálculo sôbre o valor acrescido, os dois tributos compartilham da característica da difusão, constituindo-se inevitàvelmente em componentes dos preços. Mas, como as condições econômicas do país evidentemente ainda não comportam uma revisão conceitual de qualquer dos dois impostos, a inversão indicada não poderia ter base econômica real, e portanto não se justificaria exigir dos Estados o reaparelhamento de suas máquinas administrativas para arrecadar um impôsto cuja técnica é diversa da que lhes é familiar por uma experiência de 30 anos.

29. No art. 13 do texto revisto (correspondente ao art. 14 do texto original), suprimiu-se, pelas razões indicadas no item 24 supra, a remissão ao art. 17. Mais importante, porém, foi a supressão da ressalva que excluía, dentre as operações tributadas pelo impôsto de circulação, a exportação para o estrangeiro. Aqui a razão não foi a mesma que inspirou idêntica supressão no artigo anterior (item 28 supra), mas sim o fato, apontado pela crítica, de que aquela exclusão, combinada com o dispositivo do inciso I do parágrafo único do texto original, deixaria sem incidência alguma as operações com mercadorias "destinadas à exportação", ainda quando esta, por qualquer circunstância, não se viesse a efetivar. Assim, corrigiu-se também aquêle parágrafo, desdobrando-se os seus dois incisos em disposições autônomas, porém complementares. Dessa forma, o § 1.º do texto revisto (correspondente ao inciso I do parágrafo único do texto original) fixa a regra da uniformidade em razão da natureza das mercadorias, que distingue êste impôsto do de produção, ao qual compete a seletividade, e estabelece a alíquota-teto para as operações que destinem a mercadoria a outro Estado ou ao estrangeiro. É importante assinalar que esta última hipótese, como

94

agora formulada, refere-se à operação direta com o estrangeiro, e não mais, como no texto original, às operações internas supostamente preliminares da exportação. Por sua vez, o § 2.º do texto revisto (correspondente ao inciso II do parágrafo único do texto original) fixa a regra da não-cumulatividade, mas prevê sua regulamentação por lei complementar. Esta norma acrescida vem preencher uma lacuna do texto original, que não atendia suficientemente à hipótese de os Estados, nas operações submetidas à alíquota-teto, adotarem uma base de cálculo arbitrária, por exemplo o valor "de pauta" das mercadorias, capaz de neutralizar os objetivos visados pela lei complementar e pela resolução do Senado, previstas no inciso I do parágrafo único do texto original e no § 1.º do texto revisto.

30. O art. 14 do texto revisto é disposição nova, introduzida pela Comissão para atender a um problema crucial apontado pela crítica com grande ênfase e veemência: a perda de receita que sofreriam os Municípios com a supressão do atual impôsto de indústrias e profissões, e que seria imperfeitamente compensada pelo impôsto sôbre serviços (art. 16 dos textos original e revisto) e pela participação prevista no inciso II do art. 21 do texto original, que, em conseqüência, desapareceu do texto revisto. A disposição nova simplesmente legaliza a prática, corrente em grande número de Municípios, de cobrar, a título de impôsto de indústrias e profissões, uma porcentagem do montante pago ao Estado, pelo mesmo contribuinte, a título de impôsto de vendas e consignações; ou a prática, apenas mais refinada que aquela, de assentar o impôsto de indústrias e profissões sôbre o chamado "movimento econômico", que outra coisa não é que a receita bruta proveniente (no caso dêste artigo) de operações mercantis de venda ou consignação. A Comissão está plenamente consciente de ter transigido com uma de suas premissas básicas, a de impedir a interpenetração dos campos tributários privativos de governos diferentes: mas é igualmente claro que a justificativa da transigência é uma imposição da realidade nacional. Três salvaguardas essenciais foram, entretanto, previstas: as duas primeiras são a sujeição do Município à legislação tributária do Estado, e a fixação, na própria Constituição, da porcentagem máxima que a alíquota municipal poderá representar sôbre a estadual; dessa forma, não se dá ao Município qualquer poder de iniciativa que viesse permitir eventuais desvirtuamentos da conceituação dêste impôsto, como simples adicional do de circulação, à maneira dos *tantièmes* ou dos *centesimi* que, na França e na Itália, as comunas podem arrecadar em função de tributos dos entes maiores. A terceira salvaguarda, contida no parágrafo único, é a limitação da cobrança do impôsto municipal tão-sòmente sôbre o montante do impôsto estadual incidente sôbre operações realizadas no Município: assim se evitam, a um tempo, o êrro econômico de transplantar para o campo municipal os problemas suscitados pelo atual impôsto

95

de vendas e consignações nas operações interestaduais, e o defeito jurídico de se permitir ao Município projetar sua tributação além de seus próprios limites territoriais. Por outro lado, a solução adotada, de preferência à atribuição ao Município de uma participação no produto do impôsto estadual, além de preservar, embora com as restrições necessárias, a autonomia política e jurídica do Município, assegura também a sua autonomia financeira, com o automatismo da arrecadação, independentemente de qualquer iniciativa por parte do Estado, inclusive, como explícita a parte final do parágrafo, no que se refere à arrecadação do seu próprio impôsto. Para concluir, cabe observar que, vinculado o impôsto municipal ao estadual sôbre a circulação de mercadorias, não estaria aberto ao Município todo o atual campo do impôsto de indústrias e profissões: mas esta lacuna é preenchida pela manutenção do impôsto municipal sôbre serviços (art. 16).

31. O art. 15 do texto revisto corresponde ao de igual número do texto original, consolidados em um só os incisos I e II dêste último, e ajustadas, em conseqüência, as remissões constantes dos seus dois parágrafos. Na definição do campo impositivo, suprimiu-se a referência às operações de capitalização, cuja importância econômica é relativa, e que, de resto, se podem considerar como uma modalidade das de seguro.

32. O art. 16 do texto revisto, correspondente ao de igual número do texto original, mantém na competência dos Municípios o impôsto sôbre serviços, mas com redação nova, que visou atender às críticas que observavam que o tributo, com a conceituação e as limitações que lhe eram atribuídas, teria um campo de incidência difícil de determinar mas presumìvelmente muito restrito. Em face do nôvo texto, disporão os Municípios de um tributo que, complementando o previsto no nôvo art. 14, lhes proporcionará, como foi dito no item 30 supra, um campo de incidência equivalente ao do atual impôsto de indústrias e profissões, sem os notórios inconvenientes econômicos e jurídicos de que padece êste último, e que a Comissão recordou em seu Relatório. Cumpre apenas esclarecer que o parágrafo único é uma disposição acautelatória, que tem por fim afastar os problemas que certamente surgiriam em todos os casos em que a prestação do serviço é combinada com um fornecimento de materiais, o qual, configurando venda, incidiria no impôsto estadual de que trata o art. 13 do texto revisto.

IMPOSTOS ESPECIAIS

33. O art. 17 do texto revisto corresponde ao de igual número do texto original, suprimida, pelas razões indicadas no item 24 supra, a remissão do art. 23, relativo à redistribuição do produto do impôsto único. O substitutivo da Associação Paulista de Municí-

pios contém sugestão, que a Comissão adota, de incluir-se no inciso II referência expressa à energia nuclear, cujo emprêgo industrial já se afigura provável em futuro previsível.

34. O art. 18 do texto revisto reproduz sem alteração o de igual número do texto original, ajustadas as remissões dêle constantes.

TAXAS

35. Na revisão do art. 19, a Comissão, descartando, pelas razões indicadas no item 22 supra, as objeções genéricas contra a inclusão de definições na lei, não obstante modificou a redação para atendê-las num aspecto que lhe pareceu envolver uma melhoria de técnica legislativa: assim, em lugar de formular uma definição direta do conceito, dizendo, como o texto original, "taxa é...", o texto revisto define as taxas através de uma norma limitativa, dizendo em quais casos cabe a cobrança dessas figuras tributárias. Mais importante, porém, é a transplantação de palavras, que melhor traduz o espírito do dispositivo, com que o texto revisto deixa claro que a qualificação "efetiva ou potencial" refere-se à utilização do serviço pelo contribuinte, e não, como poderia parecer pelo texto original, à sua prestação por parte do poder tributante: a não ser assim, com efeito, poderia ser pretendida a cobrança de taxas em razão de serviços de criação futura e hipotética. É de justiça consignar que êste aperfeiçoamento se deve à observação feita ao Relator desta Comissão pelo Professor Moacyr Lôbo da Costa, da Faculdade de Direito da Universidade de São Paulo.

36. Por outro lado, a Comissão admitiu, *sponte sua,* que a rigidez da delimitação do conceito, embora necessária para obstar aos notórios abusos que se praticam no atual regime, poderia impedir a cobrança legítima de taxas em função de atividades estatais que, sem traduzirem uma prestação direta e pessoal ao contribuinte, não obstante se contivessem no exercício do poder de polícia: êsse aspecto foi atendido pela redação dada ao texto, mas com a cautela indispensável nêle consignada, tendente a evitar a repetição da prática de se criarem impostos sob a figura formal de taxas. A nova redação atende, também, à necessidade de facultar, especialmente aos Municípios, a tributação de funções governamentais de âmbito puramente local, como o licenciamento do comércio, da indústria, ou de veículos, que hoje a Constituição regula sob a forma imprópria de impostos.

CONTRIBUIÇÕES DE MELHORIA

37. Quanto ao art. 20, mantido com êsse número no texto revisto, basta referir o que já foi dito no item 35 supra, acêrca da introdução de definições na lei, e da reformulação do assunto como delimitação de competência tributária; e nos itens 15 a 17 supra, acêrca da especificação do conceito de contribuição tão só à de melhoria.

REDISTRIBUIÇÕES DE RECEITAS TRIBUTÁRIAS

38. Êste foi, como era de esperar-se, o terreno em que a crítica se mostrou mais acirrada. A importância do problema já fôra, aliás, reconhecida e acentuada pela Comissão em seu Relatório (itens 1/10, 1/11 e 4/1). Mas, contrariando a espectativa da Comissão e, mesmo, incorrendo em alguma incoerência, a maioria dos críticos reclamou maiores participações, em lugar de pleitear maior competência tributária originária, muito embora o fundamento invocado fôsse a sempre alegada restrição da autonomia dos entes menores. Na atenção tôda especial que dedicou a êste aspecto do assunto, preferiu a Comissão ater-se a duas premissas que lhe parecem essenciais: o refôrço das competências originárias, atendido, quanto aos Municípios, principais destinatários das reformas pleiteadas pela crítica, com a criação do impôsto nôvo previsto no art. 14; e o automatismo do processamento e da entrega das participações, atendida com a reformulação do art. 22.

39. No art. 21, que conserva o mesmo número, suprimiu-se o inciso II, que atribuía aos Municípios uma participação de 15% no produto do impôsto estadual de circulação: a razão, apontada no item 30 supra, foi a criação, no art. 14 do texto revisto, de um tributo nôvo, que, embora vinculado àquele impôsto estadual, situa-se na competência originária dos Municípios. Em conseqüência, as alíneas *a* e *b* do inciso I do texto original passaram a ser, no texto revisto, os incisos I e II do próprio artigo. No primeiro dêles, restaurou-se a devolução integral do produto do impôsto territorial rural aos Municípios, como hoje dispõe a Emenda Constitucional n.º 10, e de que o texto original reservara 20% à União: o cálculo das participações sôbre o produto líquido dos impostos prejudica o automatismo das redistribuições; a fixação à *forfait* do custo da arrecadação, como fizera o texto original, poderia revelar-se excessiva em alguns casos, e insuficiente em outros; por outro lado, subsiste, no art. 24, a possibilidade de a União cometer a arrecadação ao próprio Município beneficiado. O inciso II reproduz, apenas com o ajuste da remissão, a alínea *b* do inciso I do texto original, atribuindo aos Estados e aos Municípios o produto

total da arrecadação, na fonte, do impôsto federal sôbre a renda das obrigações de sua dívida pública e sôbre os proventos de seus servidores e das respectivas autarquias.

40. No art. 22, reestruturou-se profundamente a composição do Fundo de Participação dos Estados e dos Municípios, com vistas à melhor preservação das respectivas autonomias financeiras. Em primeiro lugar, o próprio Fundo foi desdobrado em dois, vinculados respectivamente aos Estados e ao Distrito Federal, e aos Municípios, de modo a assegurar a cada grupo beneficiado que suas dotações não sofrerão interferência do outro grupo. E as dotações atribuídas a cada um dos Fundos são preliminarmente destacadas do total arrecadado, do qual sòmente o líquido constitui receita da União: assim, Estados, Distrito Federal e Municípios adquirem um direito originário, independente de uma redistribuição de receita originàriamente federal, que exigiria dotações orçamentárias e empenhos de verbas para sua ulterior efetivação. Êstes aspectos administrativos estão expressos no §1.º, que comete à autoridade insuspeita do Tribunal de Contas da União o cálculo e a autorização do pagamento das quotas a cada entidade participante, independentemente de autorização orçamentária ou de qualquer outra formalidade, e determina que a entrega seja feita mensalmente através dos estabelecimentos oficiais de crédito, isto é, das agências do Banco do Brasil na capital de cada Estado e na sede de cada Município. O § 2.º do texto revisto reproduz o § 1.º do texto original, mas as demais limitações ou vinculações obrigatórias, que se previam no § 2.º do texto original, desapareceram com a supressão dêste dispositivo no texto revisto. Finalmente, o § 3.º do texto revisto reproduz o de igual número no texto original, mas com redação melhorada para deixar claro que a participação, já conferida aos Estados e aos Municípios pelo inciso II do art. 21, desconta-se apenas da porcentagem atribuída aos Fundos, e não, òbviamente, da parcela do produto dos impostos que para êle concorrem, que constitui receita da União.

41. O art. 23 do texto revisto reproduz o de igual número do texto original, apenas com acréscimo da referência à incidência sôbre a energia nuclear, para pôr o dispositivo em consonância com a nova redação do art. 17 (item 33 supra).

42. O art. 24 do texto revisto reproduz, sem alterações, o de igual número no texto original.

43. O art. 25 do texto original pôde ser suprimido, por se ter tornado desnecessário ante as garantias asseguradas aos Estados e Municípios, no recebimento das participações que lhes cabem, pela nova redação do art. 22 (item 40 supra).

DISPOSIÇÕES TRANSITÓRIAS E FINAIS

44. Os arts. 25 e 26 do texto revisto reproduzem os de n.ºs 26 e 27 no texto original, com apenas o ajuste das remissões e uma modificação necessária: a revogação do atual art. 20 da Constituição, que, no texto original, seguia a regra geral fixada em seu art. 26, passou para o § 1.º do art. 26 do texto revisto que a prevê, em relação a cada Estado, na data em que entre em vigor o impôsto a que se refere o art. 13. A modificação destina-se a evitar o desaparecimento de uma participação hoje assegurada aos Municípios, antes da vigência da norma compensatória, que é o impôsto a êles atribuído pelo nôvo art. 14 do texto revisto, que entretanto está vinculado à instituição, pelo Estado, do impôsto de que trata o artigo precedente àquele.

CONCLUSÃO

45. Ao entregar a V. Exa. o seu trabalho revisto, a Comissão reitera o que disse no parágrafo final do seu Relatório, cujas expressões adquirem agora um sentido ainda maior, ante a preocupação demonstrada pelo Govêrno, com honestidade de propósitos e sem poupança de esfôrço, ou mesmo de sacrifício, em dotar o país de um sistema tributário capaz de, removidos os entraves internos, acelerar sua marcha ascencional para o lugar que lhe compete no concêrto das nações.

Rio de Janeiro, 30 de outubro de 1965

Luiz Simões Lopes
Presidente

Rubens Gomes de Souza
Relator

Gerson Augusto da Silva
Secretário-Executivo

Sebastião Santana e Silva
Membro

Gilberto da Ulhôa Canto
Membro

Mário Henrique Simonsen
Membro

PROJETO REVISTO DE EMENDA CONSTITUCIONAL "A"

PROJETO REVISTO DE EMENDA CONSTITUCIONAL "A"

*Modifica o art. 5.º, o § 2.º do art. 36, o art. 63, o
o art. 65, o art. 67, o art. 68 e o art. 69 da Constituição.*

AS MESAS DO SENADO FEDERAL E DA CÂMARA DOS
DEPUTADOS promulgam, nos têrmos do art. 217, § 4.º, da Constituição, a seguinte Emenda Constitucional:

Art. 1.º O art. 5.º da Constituição passa a vigorar com alteração da letra *b* de seu n.º XV e acréscimo de um n.º XVI, assim
redigidos:

XV — ....

> b) normas gerais de seguro e previdência social; de de-
> fesa e proteção da saúde; de regime penitenciário; e,
> por lei complementar, normas gerais de direito finan-
> ceiro;

XVI — expedir leis complementares desta Constituição, nos casos nela previstos.

Art. 2.º O § 2.º do art. 36 da Constituição passa a vigorar
com a seguinte redação:

§ 2.º É vedado a qualquer dos podêres delegar atribuições, ressalvado o disposto no § 1.º do art. 8.º e no § 1.º do art. 15, ambos da Emenda "B".

Art. 3.º O art. 63 da Constituição fica acrescido de um n.º
III, com a seguinte redação:

III — expedir resoluções nos casos previstos na Emenda "B".

Art. 4.º O art. 65 da Constituição fica acrescido de um n.º X,
com a seguinte redação:

X — expedir, revogar ou modificar leis complementares.

Art. 5.º O § 3.º do art. 67 da Constituição fica substituído
pelo seguinte:

§ 3.º   A iniciativa das leis complementares compete ao Presidente da República; à Câmara dos Deputados e ao Senado Federal, pela quarta parte de seus membros, no mínimo; ou ainda, às Assembléias Legislativas dos Estados, por proposição de mais da metade delas, no decurso de um ano, manifestando-se cada uma pela maioria de seus membros.

Parágrafo único.   Ao art. 67 da Constituição é acrescentado o seguinte § 4º:

§ 4.º   A discussão dos projetos de lei de iniciativa do Presidente da República e, apenas no caso de leis complementares, das Assembléias Legislativas dos Estados, começará na Câmara dos Deputados.

Art. 6.º   Fica acrescentado ao art. 68 da Constituição o seguinte parágrafo, passando o atual parágrafo único a ser o § 1.º:

§ 2.º   Tratando-se de lei complementar, o projeto será votado, sucessivamente, pela Câmara dos Deputados e pelo Senado Federal, ou vice-versa, em duas discussões com o intervalo mínimo de dez dias, considerando-se aprovado, rejeitado, ou emendado, pelo voto da maioria absoluta dos respectivos membros.

Art. 7.º   Fica acrescentado ao art. 69 da Constituição o seguinte parágrafo, passando o atual parágrafo único a ser o § 2.º:

§ 1.º   No caso de lei complementar, a apreciação, pela Câmara originária, das emendas introduzidas pela Câmara revisora, far-se-á nos têrmos do § 2.º do artigo anterior.

Art. 8.º   Esta Emenda entra em vigor na data de sua publicação.

PROJETO REVISTO DE EMENDA CONSTITUCIONAL "B"

PROJETO REVISTO DE EMENDA CONSTITUCIONAL "B"

Dispõe sôbre o sistema tributário nacional

AS MESAS DA CÂMARA DOS DEPUTADOS E DO SENADO FEDERAL promulgam, nos têrmos do art. 217, § 4.º da Constituição, a seguinte Emenda Constitucional:

CAPÍTULO I

DISPOSIÇÕES GERAIS

Art. 1.º O sistema tributário nacional compõe-se de impostos, taxas e contribuições de melhoria, e é regido pelo disposto nesta Emenda, em leis complementares, em resoluções do Senado Federal, e, nos limites das respectivas competências, em lei federal, estadual ou municipal.

Art. 2.º É vedado à União, aos Estados, ao Distrito Federal e aos Municípios:

I – instituir ou majorar tributo sem que a lei o estabeleça, ressalvados os casos previstos nesta Emenda;

II – cobrar impôsto sôbre o patrimônio e a renda, com base em lei posterior à data inicial do exercício financeiro a que corresponda;

III – estabelecer limitações ao tráfego, no território nacional, de pessoas ou mercadorias, por meio de tributos interestaduais ou intermunicipais;

IV – cobrar impostos sôbre:

    a)   o patrimônio, a renda ou os serviços uns dos outros;

    b)   templos de qualquer culto;

    c)   o patrimônio, a renda ou os serviços de partidos políticos e de instituições de educação ou de assistência social, observados os requisitos fixados em lei complementar.

§ 1.º   O disposto na letra *a* do n.º IV é extensivo às autarquias, tão-sòmente no que se refere ao patrimônio, à renda ou aos serviços vinculados às suas finalidades essenciais, ou delas decorrentes.

§ 2.º   O disposto na letra *a* do n.º IV não é extensivo aos serviços públicos concedidos, cujo tratamento tributário é regulado pelo poder concedente no que se refere aos tributos de sua competência, observado o disposto no art. 3.º.

Art. 3.º   A lei complementar pode, atendendo a relevante interêsse social ou econômico nacional, outorgar isenções de impostos de competência da União, dos Estados, do Distrito Federal ou dos Municípios, a serviços públicos federais exercidos por concessão ou por entidades paraestatais ou de economia mista.

Art. 4.º   É vedado:

I — à União, instituir tributo que não seja uniforme em todo o território nacional, ou que importe em distinção ou preferência em favor de determinado Estado ou Município;

II — aos Estados, ao Distrito Federal e aos Municípios, estabelecer diferença tributária entre bens de qualquer natureza, em razão da sua procedência ou do seu destino.

Art. 5.º   Sòmente a União, em casos excepcionais definidos em lei complementar, poderá instituir empréstimos compulsórios, ùnicamente com base nos impostos de sua competência.

CAPÍTULO II

DOS IMPOSTOS

Seção I

Disposições Gerais

Art. 6.º   Os impostos competentes do sistema tributário nacional são exclusivamente, salvo o disposto no art. 18, os referidos nas seções seguintes dêste Capítulo, com as competências e limitações nelas previstas.

Art. 7.º   Competem:

I — ao Distrito Federal e aos Estados não divididos em Municípios, cumulativamente, os impostos e participações atribuídos aos Estados e aos Municípios;

II — à União, nos Territórios Federais, os impostos atribuídos aos Estados, e, se aquêles não forem divididos em Municípios, cumulativamente os atribuídos a êstes.

108

Seção II

Impostos sôbre o Comércio Exterior

Art. 8.º Compete à União:

I — o impôsto sôbre a importação de produtos estrangeiros;

II — o impôsto sôbre a exportação, para o estrangeiro, de produtos nacionais ou nacionalizados.

§ 1.º O Poder Executivo pode, nas condições e nos limites estabelecidos em lei, alterar as alíquotas ou as bases de cálculo dos impostos a que se refere êste artigo, a fim de ajustá-los aos objetivos da política cambial e do comércio exterior.

§ 2.º A receita líquida do impôsto a que se refere o n.º II dêste artigo destina-se à formação de reservas monetárias, conforme dispuser a lei.

Seção III

Impostos sôbre o Patrimônio e a Renda

Art. 9.º Competem à União:

I — o impôsto sôbre a propriedade territorial rural;

II — o impôsto sôbre a renda e proventos de qualquer natureza.

Art. 10. Compete aos Estados o impôsto sôbre a transmissão, a qualquer título, de bens imóveis por natureza ou por acessão física, como definidos na lei civil, e de direitos reais sôbre imóveis, exceto os direitos reais de garantia.

§ 1.º O impôsto incide sôbre a cessão de direitos relativos à aquisição dos bens referidos neste artigo.

§ 2.º O impôsto não incide sôbre a transmissão dos bens ou direitos referidos neste artigo, para sua incorporação ao capital de pessoas jurídicas, salvo o daquelas cuja atividade preponderante, como definida em lei complementar, seja a venda ou a locação da propriedade imobiliária ou a cessão de direitos relativos à sua aquisição.

§ 3.º O impôsto compete ao Estado da situação do imóvel sôbre que versar a mutação patrimonial, mesmo que esta decorra de sucessão aberta no estrangeiro.

§ 4.º A alíquota do impôsto não excederá os limites fixados em resolução do Senado Federal, nos têrmos do disposto em lei complementar, e o seu montante será dedutível do devido à União, a

109

título do impôsto de que trata o art. 9.º, n.º II, sôbre o provento decorrente da mesma transmissão.

Art. 11. Compete aos Municípios o impôsto sôbre a propriedade predial e territorial urbana.

Seção IV

Impostos sôbre a Produção e a Circulação

Art. 12. Compete à União o impôsto sôbre produtos industrializados.

Parágrafo único. O impôsto é seletivo em função da essencialidade dos produtos, e não-cumulativo, abatendo-se, em cada operação, o montante cobrado nas anteriores.

Art. 13. Compete aos Estados o impôsto sôbre operações relativas à circulação de mercadorias, realizadas por comerciantes, industriais e produtores.

§ 1.º A alíquota do impôsto é uniforme para tôdas as mercadorias, não excedendo, nas operações que as destinem a outro Estado ou ao estrangeiro, o limite fixado em resolução do Senado Federal, nos têrmos do disposto em lei complementar.

§ 2.º O impôsto é não-cumulativo, abatendo-se, em cada operação, nos têrmos do disposto em lei complementar, o montante cobrado nas anteriores, pelo mesmo ou por outro Estado.

Art. 14. Compete aos Municípios cobrar o impôsto referido no artigo anterior, com base na legislação estadual a êle relativa, e por alíquota não superior a 20% (vinte por cento) da instituída pelo Estado.

Parágrafo único. A cobrança prevista neste artigo é limitada às operações ocorridas no território do Município, mas independe da efetiva arrecadação, pelo Estado, do impôsto a que se refere o artigo anterior.

Art. 15. Compete à União o impôsto:

I — sôbre operações de crédito, câmbio e seguro, e sôbre operações relativas a títulos e valôres mobiliários;

II — sôbre serviços de transportes e comunicações, salvo os de natureza estritamente municipal.

§ 1.º O Poder Executivo pode, nas condições e nos limites estabelecidos em lei, alterar as alíquotas ou as bases do cálculo do impôsto, nos casos do n.º I dêste artigo, a fim de ajustá-lo aos objetivos da política monetária.

§ 2.º A receita líquida do impôsto, nos casos do n.º I dêste artigo, destina-se à formação de reservas monetárias.

Art. 16. Compete aos Municípios o impôsto sôbre serviços de qualquer natureza, não compreendidos na competência tributária da União e dos Estados.

Parágrafo único. Lei complementar fixará critérios que permitam distinguir as atividades a que se refere êste artigo das previstas no art. 13.

Seção V

Impostos Especiais

Art. 17. Compete à União o impôsto sôbre:

I — produção, importação, circulação, distribuição ou consumo de combustíveis e lubrificantes líquidos ou gasosos de qualquer origem ou natureza;

II — produção, importação, distribuição ou consumo de energia elétrica e nuclear;

III — produção, circulação ou consumo de minerais do país.

Parágrafo único. O impôsto incide uma só vez, sôbre uma dentre as operações previstas em cada inciso dêste artigo e exclui quaisquer outros tributos, sejam quais forem sua natureza ou competência, incidentes sôbre aquelas operações.

Art. 18. Compete à União, na iminência ou no caso de guerra externa, instituir, temporàriamente, impostos extraordinários, compreendidos ou não na enumeração constante dos arts. 8.º a 17, suprimidos, gradativamente, no prazo máximo de cinco anos, contados da celebração da paz.

CAPÍTULO III

DAS TAXAS

Art. 19. Compete à União, aos Estados, ao Distrito Federal e aos Municípios, no âmbito de suas respectivas atribuições, cobrar taxas em função do exercício regular do poder de polícia, ou pela utilização, efetiva ou potencial, de serviços públicos específicos e divisíveis, prestados ao contribuinte ou postos à sua disposição.

Parágrafo único. As taxas não terão base de cálculo idêntica à que corresponda a impôsto referido nesta Emenda.

CAPÍTULO IV

DAS CONTRIBUIÇÕES DE MELHORIA

Art. 20. Compete à União, aos Estados, ao Distrito Federal e aos Municípios, no âmbito de suas respectivas atribuições, cobrar contribuição de melhoria para fazer face ao custo de obras públicas de que decorra valorização imobiliária, tendo como limite total a despesa realizada e como limite individual o acréscimo de valor que da obra resultar para cada imóvel beneficiado.

CAPÍTULO V

DAS DISTRIBUIÇÕES DE RECEITAS TRIBUTÁRIAS

Art. 21. Serão distribuídos pela União:

I — aos Municípios da localização dos imóveis, o produto da arrecadação do impôsto a que se refere o art. 9.º, n.º I;

II — aos Estados e aos Municípios, o produto da arrecadação, na fonte, do impôsto a que se refere o art. 9.º, n.º II, incidente sôbre a renda das obrigações de sua dívida pública e sôbre os proventos dos seus servidores e dos de suas autarquias.

Art. 22. Do produto da arrecadação dos impostos a que se referem o art. 9.º, n.º II, e o art. 12, 80% (oitenta por cento) constituem receita da União e o restante distribuir-se-á à razão de 10% (dez por cento) ao Fundo de Participação dos Estados e do Distrito Federal, e 10% (dez por cento) ao Fundo de Participação dos Municípios.

§ 1.º A aplicação dos Fundos previstos neste artigo será regulada por lei complementar, que cometerá ao Tribunal de Contas da União o cálculo e a autorização do pagamento das quotas a cada entidade participante, independentemente de autorização orçamentária ou de qualquer outra formalidade, efetuando-se a entrega, mensalmente, através dos estabelecimentos oficiais de crédito.

§ 2.º Do total recebido nos têrmos do parágrafo anterior, cada entidade participante destinará obrigatòriamente 50% (cinqüenta por cento), pelo menos, ao seu orçamento de capital.

§ 3.º Para os efeitos de cálculo da percentagem destinada aos Fundos de Participação exclui-se, do produto da arrecadação do impôsto a que se refere o art. 9.º, n.º II, a parcela distribuída nos têrmos do art. 21, n.º II.

Art. 23. Do produto da arrecadação do impôsto a que se refere o art. 17 serão distribuídos aos Estados, ao Distrito Federal e aos Municípios 60% (sessenta por cento) do que incidir sôbre operações relativas a combustíveis, lubrificantes e energia elétrica, e 90% (noventa por cento) do que incidir sôbre operações relativas a minerais do país.

Parágrafo único. A distribuição prevista neste artigo será regulada em resolução do Senado Federal, nos têrmos do disposto em lei complementar, proporcionalmente à superfície e à população das entidades beneficiadas, e à produção e ao consumo, nos respectivos territórios, dos produtos a que se refere o impôsto.

Art. 24. A lei federal pode cometer aos Estados, ao Distrito Federal, ou aos Municípios o encargo de arrecadar os impostos, de competência da União, cujo produto lhes seja distribuído no todo ou em parte.

Parágrafo único. O disposto neste artigo aplica-se à arrecadação dos impostos de competência dos Estados, cujo produto êstes venham a distribuir, no todo ou em parte, aos respectivos Municípios.

CAPÍTULO VI

DISPOSIÇÕES FINAIS E TRANSITÓRIAS

Art. 25. Ressalvado o disposto no art. 26 e seus parágrafos, ficam revogados ou substituídos pelas disposições desta Emenda o art. 15 e seus parágrafos, o art. 16, o art. 17, o art. 19 e seus parágrafos, o art. 21, o § 4.º do art. 26, o art. 27, o art. 29 e seu parágrafo único, os n.os I e II do art. 30 e seu parágrafo único, o n.º V do art. 31 e seu parágrafo único, o art. 32, o § 34 do art. 141, o art. 202 e o art. 203 da Constituição, o art. 5.º da Emenda Constitucional n.º 3, a Emenda Constitucional n.º 5 e os artigos 2.º e 3.º da Emenda Constitucional n.º 10.

Art. 26. Os tributos de competência da União, dos Estados, do Distrito Federal e dos Municípios, vigentes à data da promulgação desta Emenda, salvo o impôsto de importação, poderão continuar a ser cobrados até 31 de dezembro de 1966, devendo, nesse prazo, ser revogados, alterados ou substituídos por outros, na conformidade do disposto nesta Emenda.

§ 1.º O art. 20 da Constituição ficará revogado, em relação a cada Estado, na data da entrada em vigor da lei que nêle instituir o impôsto previsto no art. 13 desta Emenda.

§ 2º Entrará em vigor a 1.º de janeiro do ano seguinte ao da promulgação desta Emenda o disposto no art. 8.º, n.º II, no seu parágrafo 2.º, e, quanto ao impôsto de exportação, o previsto no seu parágrafo 1.º.

Anexo III

- MENSAGEM DO PRESIDENTE DA REPÚBLICA AO CONGRESSO NACIONAL
- PROJETO DE EMENDA CONSTITUCIONAL Nº 8, DE 1965
- EXPOSIÇÃO DE MOTIVOS DO MINISTRO DA FAZENDA

MENSAGEM DO PRESIDENTE DA REPÚBLICA AO CONGRESSO NACIONAL

MENSAGEM N.º 21, DE 1965

Encaminha ao Congresso Nacional projeto de Emenda Constitucional que dispõe sôbre o sistema tributário nacional.

Excelentíssimos Senhores Membros do Congresso Nacional.

Nos têrmos do artigo 2.º, item II, combinado com o artigo 21 do Ato Institucional n.º 2, de 27 de outubro de 1965, tenho a honra de submeter à deliberação de Vossas Excelências, acompanhado de Exposição de Motivos do Senhor Ministro de Estado dos Negócios da Fazenda, o anexo projeto de emenda constitucional, que dispõe sôbre o sistema tributário nacional.

Brasília, em 4 de novembro de 1965.

H. CASTELLO BRANCO

PROJETO DE EMENDA CONSTITUCIONAL
Nº 8, DE 1965

PROJETO DE EMENDA CONSTITUCIONAL N.º 8, DE 1965

Dispõe sôbre o sistema tributário nacional

As Mesas da Câmara dos Deputados e do Senado Federal promulgam, nos têrmos do art. 217, § 4.º da Constituição, a seguinte Emenda Constitucional:

CAPITULO I

DISPOSIÇÕES GERAIS

Art. 1.º O sistema tributário nacional compõe-se de impostos, taxas e contribuições de melhoria, e é regido pelo disposto nesta Emenda, em leis complementares, em resoluções do Senado Federal, e, nos limites das respectivas competências, em lei federal, estadual ou municipal.

Art. 2.º É vedado à União, aos Estados, ao Distrito Federal e aos Municípios:

I — instituir ou majorar tributo sem que a lei o estabeleça, ressalvados os casos previstos nesta Emenda;

II — cobrar impôsto sôbre o patrimônio e a renda, com base em lei posterior à data inicial do exercício financeiro a que corresponda;

III — estabelecer limitações ao tráfego, no território nacional, de pessoas ou mercadorias, por meio de tributos interestaduais ou intermunicipais;

IV — cobrar impostos sôbre:

a) o patrimônio, a renda ou os serviços uns dos outros;

b) templos de qualquer culto;

c) o patrimônio, a renda ou serviços de Partidos políticos e de instituições de educação ou de assistência social, observados os requisitos fixados em lei complementar.

§ 1.º O disposto na letra *a* do n.º IV é extensivo -às autarquias, tão-sòmente no que se refere ao patrimônio, à renda ou

123

aos serviços vinculados às suas finalidades essenciais, ou delas decorrentes.

§ 2.º O disposto na letra *a* do n.º IV não é extensivo aos serviços públicos concedidos, cujo tratamento tributário é regulado pelo poder concedente no que se refere aos tributos de sua competência.

Art. 3.º É vedado:

I — à União, instituir tributo que não seja uniforme em todo o território nacional, ou que importe em distinção ou preferência em favor de determinado Estado ou Município;

II — aos Estados, ao Distrito Federal e aos Municípios, estabelecer diferença tributária entre bens de qualquer natureza, em razão da sua procedência ou do seu destino.

Art. 4.º Sòmente a União, em casos excepcionais definidos em lei complementar, poderá instituir empréstimos compulsórios.

CAPÍTULO II

DOS IMPOSTOS

Seção I

Disposições Gerais

Art. 5.º Os impostos componentes do sistema tributário nacional são exclusivamente, salvo o disposto no art. 17, os referidos nas seções seguintes dêste Capítulo, com as competências e limitações nelas previstas.

Art. 6.º Competem:

I — ao Distrito Federal e aos Estados não divididos em Municípios, cumulativamente, os impostos atribuídos aos Estados e aos Municípios;

II — à União, nos Territórios Federais, os impostos atribuídos aos Estados, e, se aquêles não forem divididos em Municípios, cumulativamente os atribuídos a êstes.

Seção II

Impostos sôbre o Comércio Exterior

Art. 7.º Compete à União:

I — o impôsto sôbre a importação de produtos estrangeiros;

II — o impôsto sôbre a exportação, para o estrangeiro, de produtos nacionais ou nacionalizados.

124

§ 1.º O Poder Executivo pode nas condições e nos limites estabelecidos em lei, alterar as alíquotas ou as bases de cálculo dos impostos a que se refere êste artigo, a fim de ajustá-los aos objetivos da política cambial e de comércio exterior.

§ 2.º A receita líquida do impôsto a que se refere o n.º II dêste artigo destina-se à formação de reservas monetárias, conforme dispuser a lei.

Seção III

Impostos sôbre o Patrimônio e a Renda

Art. 8.º Competem à União:

I — o impôsto sôbre a propriedade territorial rural;

II — o impôsto sôbre a renda e proventos de qualquer natureza.

Art. 9.º Compete ao Estados o impôsto sôbre a transmissão, a qualquer título, de bens imóveis por natureza ou por acessão física, como definidos na lei civil, e de direitos reais sôbre imóveis, exceto os direitos reais de garantia.

§ 1.º O impôsto incide sôbre a cessão de direitos relativos à aquisição dos bens referidos neste artigo.

§ 2.º O impôsto não incide sôbre a transmissão dos bens ou direitos referidos neste artigo, para sua incorporação ao capital de pessoas jurídicas, salvo o daquelas cuja atividade preponderante, como definida em lei complementar, seja a venda ou a locação da propriedade imobiliária ou a cessão de direitos relativos à sua aquisição.

§ 3.º O impôsto compete ao Estado da situação do imóvel sôbre que versar a mutação patrimonial, mesmo que esta decorra de sucessão aberta no estrangeiro.

§ 4.º A alíquota do impôsto não excederá os limites fixados em resolução do Senado Federal, nos têrmos do disposto em lei complementar, e o seu montante será dedutível do devido à União, a título do impôsto de que trata o art. 8.º, n.º II, sôbre o provento decorrente da mesma transmissão.

Art. 10. Compete aos Municípios o impôsto sôbre a propriedade predial e territorial urbana.

Seção IV

Impostos sôbre a Produção e a Circulação

Ar. 11. Compete à União o impôsto sôbre produtos industrializados.

125

Parágrafo único. O impôsto é seletivo em função da essencialidade dos produtos e não-cumulativo, abatendo-se, em cada operação, o montante cobrado nas anteriores.

Art. 12. Compete aos Estados o impôsto sôbre operações relativas à circulação de mercadorias, realizadas por comerciantes, industriais e produtores, salvo as destinadas à exportação.

§ 1.º A alíquota do impôsto é uniforme para tôdas as mercadorias, não excedendo, nas operações que as destinem a outro Estado, o limite fixado em resolução do Senado Federal, nos têrmos do disposto em lei complementar.

§ 2.º O impôsto é não-cumulativo, abatendo-se, em cada operação, nos têrmos do disposto em lei complementar, o montante cobrado nas anteriores, pelo mesmo ou por outro Estado, e não incidirá sôbre a venda a varejo, diretamente ao consumidor, de gêneros de primeira necessidade, definidos como tais por ato do Poder Executivo Federal.

Art. 13. Compete aos Municípios cobrar o impôsto referido no artigo anterior, com base na legislação estadual a êle relativa, e por alíquota não superior a 20% (vinte por cento) da instituída pelo Estado.

Parágrafo único. A cobrança prevista neste artigo é limitada às operações ocorridas no território do Município, mas independe da efetiva arrecadação, pelo Estado, do impôsto a que se refere o artigo anterior.

Art. 14. Compete à União o impôsto:

I — sôbre operações de crédito, câmbio e seguro, e sôbre operações relativas a títulos e valôres mobiliários;

II — sôbre serviços de transportes e comunicações, salvo os de natureza estritamente municipal.

§ 1.º O Poder Executivo pode, nas condições e nos limites estabelecidos em lei, alterar as alíquotas ou as bases do cálculo do impôsto, nos casos do n.º I dêste artigo, a fim de ajustá-los aos objetivos da política monetária.

§ 2.º A receita líquida do impôsto nos casos do n.º I dêste artigo, destina-se à formação de reservas monetárias.

Art. 15. Compete aos Municípios o impôsto sôbre serviços de qualquer natureza, não compreendidos na competência tributária da União e dos Estados.

Parágrafo único. Lei complementar estabelecerá critérios para distinguir as atividades a que se refere êste artigo das previstas no art. 12.

126

Seção V

Impostos Especiais

Art. 16. Compete à União o impôsto sôbre:

I — produção, importação, circulação, distribuição ou consumo de combustíveis e lubrificantes líquidos ou gasosos de qualquer origem ou natureza;

II — produção, importação, distribuição ou consumo de energia elétrica;

III — produção, circulação ou consumo de minerais do País.

Parágrafo único. O impôsto incide, uma só vez, sôbre uma dentre as operações previstas em cada inciso dêste artigo e exclui quaisquer outros tributos, sejam quais forem sua natureza ou competência, incidentes sôbre aquelas operações.

Art. 17. Compete à União, na iminência ou no caso de guerra externa, instituir, temporàriamente, impostos extraordinários, compreendidos ou não na enumeração constante dos artigos 8.º e 16, suprimidos, gradativamente no prazo máximo de cinco anos, contados da celebração da paz.

CAPÍTULO III

DAS TAXAS

Art. 18. Compete à União, aos Estados, ao Distrito Federal e aos Municípios no âmbito de suas respectivas atribuições, cobrar taxas em função do exercício regular do poder de polícia, ou pela utilização, efetiva ou potencial, de serviços públicos específicos e divisíveis, prestados ao contribuinte ou postos à sua disposição.

Parágrafo único. As taxas não terão base de cálculo idêntica à que corresponda a impôsto referido nesta Emenda.

CAPÍTULO IV

DAS CONTRIBUIÇÕES DE MELHORIA

Art. 19. Compete à União, aos Estados, ao Distrito Federal e aos Municípios, no âmbito de suas respectivas atribuições, cobrar contribuição de melhoria para fazer face ao custo de obras públicas de que decorra valorização imobiliária, tendo como limite total a despesa realizada e como limite individual o acréscimo de valor que da obra resultar para cada imóvel beneficiado.

127

CAPÍTULO V

DAS DISTRIBUIÇÕES DE RECEITAS TRIBUTÁRIAS

Art. 20. Serão distribuídos pela União:

I — aos Municípios da localização dos imóveis, o produto da arrecadação do impôsto a que se refere o artigo 8.º, n.º I ;

II — aos Estados e aos Municípios, o produto da arrecadação, na fonte, do impôsto a que se refere o art. 8.º, n.º II, incidente sôbre a renda das obrigações de sua dívida pública e sôbre os proventos dos seus servidores e dos de suas autarquias.

Art. 21. Do produto da arrecadação dos impostos a que se referem o art. 8.º, n.º II, e o art. 11, 80% (oitenta por cento) constituem receita da União e o restante distribui-se à razão de 10% (dez por cento) ao Fundo de Participação dos Estados e do Distrito Federal, e 10% (dez por cento) ao Fundo de Participação dos Municípios.

§ 1.º A aplicação dos Fundos previstos neste artigo será regulada por lei complementar, que cometerá ao Tribunal de Contas da União o cálculo e a autorização do pagamento das quotas a cada entidade participante, independentemente de autorização orçamentária ou de qualquer outra formalidade, efetuando-se a entrega, mensalmente, através dos estabelecimentos oficiais de crédito.

§ 2.º Do total recebido nos têrmos do parágrafo anterior, cada entidade participante destinará obrigatòriamente 50% (cinqüenta por cento), pelo menos, ao seu orçamento de capital.

§ 3.º Para os efeitos de cálculo da percentagem destinada aos Fundos de Participação exclui-se, do produto da arrecadação do impôsto a que se refere o art. 8.º, n.º II, a parcela distribuída nos têrmos do art. 20, n.º II.

Art. 22. Sem prejuízo do disposto no art. 21, os Estados e Municípios que celebrem com a União convênios destinados a assegurar ampla e eficiente coordenação dos respectivos programas de investimentos e serviços públicos, especialmente no campo da política tributária, poderão participar de até 10% (dez por cento) da arrecadação efetuada, nos respectivos territórios, proveniente do impôsto referido no art. 8.º, n.º II, incidente sôbre o rendimento das pessoas físicas, e no art. 11, excluído o incidente sôbre fumo e bebidas alcoólicas.

Art. 23. Do produto da arrecadação do impôsto a que se refere o art. 16 serão distribuídos aos Estados, ao Distrito Federal e aos Municípios 60% (sessenta por cento) do que incidir sôbre operações relativas a combustíveis, lubrificantes e energia elétrica, e

128

90% (noventa por cento) do que incidir sôbre operações relativas a minerais do País.

Parágrafo único. A distribuição prevista neste artigo será regulada em resolução do Senado Federal, nos têrmos do disposto em lei complementar, proporcionalmente à superfície e à população das entidades beneficiadas, e à produção e ao consumo, nos respectivos territórios, dos produtos a que se refere o impôsto.

Art. 24. A lei federal pode cometer aos Estados, ao Distrito Federal, ou aos Municípios o encargo de arrecadar os impostos de competência da União, cujo produto lhes seja distribuído no todo ou em parte.

Parágrafo único. O disposto neste artigo aplica-se à arrecadação dos impostos de competência dos Estados, cujo produto êstes venham a distribuir, no todo ou em parte, aos respectivos Municípios.

CAPÍTULO VI

DISPOSIÇÕES FINAIS E TRANSITÓRIAS

Art. 25. Ressalvado o disposto no artigo 26 e seus parágrafos, ficam revogados ou substituídos pelas disposições desta Emenda o artigo 15 e seus parágrafos, o artigo 16, o artigo 17, o artigo 19 e seus parágrafos, o artigo 21, o § 4.º do artigo 26, o artigo 27, o artigo 29 e seu parágrafo único, os n.ºs I e II do artigo 30 e seu parágrafo único, o artigo 32, o § 34 do artigo 141, o artigo 202 e o artigo 203 da Constituição, o artigo 5.º da Emenda Constitucional n.º 3, a Emenda Constitucional n.º 5 e os artigos 2.º e 3.º da Emenda Constitucional n.º 10.

Art. 26. Os tributos de competência da União, dos Estados, do Distrito Federal e dos Municípios, vigentes à data da promulgação desta Emenda, salvo o impôsto de exportação, poderão continuar a ser cobrados até 31 de dezembro de 1966, devendo, nesse prazo, ser revogados, alterados ou substituídos por outros, na conformidade do disposto nesta Emenda.

§ 1.º O artigo 20 da Constituição ficará revogado, em relação a cada Estado, na data da entrada em vigor da lei que nêle instituir o impôsto previsto no artigo 12 desta Emenda.

§ 2.º Entrará em vigor a 1.º de janeiro do ano seguinte ao da promulgação desta Emenda o disposto no artigo 8.º, n.º II, no seu parágrafo 2.º, e, quanto ao impôsto de exportação, o previsto no seu parágrafo 1.º.

EXPOSIÇÃO DE MOTIVOS DO MINISTRO DA FAZENDA

EXPOSIÇÃO DE MOTIVOS DO MINISTRO DA FAZENDA

Sistema Tributário Nacional. Alterações.

Em 1.º de novembro de 1965

Exposição n.º 910

Excelentíssimo Senhor Presidente da República

Os que acompanham os problemas financeiros estão acordes na urgência de um reexame dos impostos da Federação, com o fim de instituir-se um sistema compatível com os requisitos do progresso econômico do País. A multiplicidade e a acumulação de incidências tributárias, a despeito da separação formal dos impostos, dificultam e oneram a produção. Os impecilhos ao progresso estão-se tornando alarmantes.

A Comissão de juristas e de técnicos, que preparou o projeto de sistematização tributária da Federação, diz com muita propriedade em seu relatório: "Desde 1891 vem sendo seguido o critério de partilhar tributos designados por suas denominações jurídicas usuais, pôsto que nem sempre pacíficas para os próprios juristas. Êsse sistema tem provocado ou facilitado distorções econômicas que o crescimento das necessidades financeiras do poder público, e a conseqüente complexidade de onerosidade dos tributos federais, estaduais e municipais sòmente tendem a agravar. Exemplo desta afirmativa é a proliferação de figuras tributárias, concebidas em têrmos jurídico-formais com que os três governos têm procurado alargar o campo de suas competências e fortalecer o montante de suas arrecadações". "Isto sem falarmos nas sobreposições de tributos, do mesmo ou de outro poder, econômicamente idênticos, e disfarçados apenas pelas roupagens jurídicas de que o legislador os reveste. Pode-se mesmo dizer, sem exagêro, que existem hoje, no Brasil, mais tributos formalmente distintos que fatôres econômicos aptos a servir de base à tributação".

Não há exagêro algum na afirmação da Comissão. Por intermédio do impôsto de vendas e consignações os Estados estão-se guerreando uns aos outros, além de criarem embaraços à comercialização dos produtos no território nacional e à exportação para o estrangeiro. E o pior é que, não obstante as denominações variarem, os diferentes impostos e taxas, dos Estados e dos Municípios, redundam em mera acumulação do impôsto de vendas.

São expressivos os seguintes dados:

Estado:	Percentagem	Porção absorvida pelo impôsto Cr$
a) Impôsto de vendas	6.0	21.369
b) Taxa rodoviária	0.50	1.781
c) Adicional	0.50	1.781
Município:		
d) Indústria e Profissões	3.5	12.466
e) Taxas Municipais	0.9	3.600
Total	11.5	40.997

Temos cinco denominações diferentes de tributos recaindo todos êles da mesma maneira sôbre o valor de uma mercadoria, tal como afirma a Comissão: "sobreposições de tributos, do mesmo ou de outro poder, econômicamente idênticos e disfarçados apenas pela roupagem jurídica de que o legislador os reveste".

Ao passar a mercadoria para outro Estado, novamente surge o impôsto de vendas, talvez acompanhado de adicionais, e, outra vez, aparece o impôsto de indústria e profissões cobrado com "roupagem diferente", mas agregado ao impôsto de vendas.

2. A Comissão, ante tão repetida acumulação de incidências, procurou caracterizar os impostos e as taxas e tratou de suprimir os impostos de base tributária indefinida, como é o impôsto de "indústrias e profissões". Preferiu, por êsse motivo, depois de ponderar sôbre as reclamações formuladas pelos Municípios quanto à queda de receita, admitir o desdobramento do impôsto de vendas e consignações, entre o Estado e o Município.

3. Durante a inflação, quando os preços subiam vertiginosamente, nem os produtores, nem os consumidores davam conta da gravidade do primarismo dos impostos estaduais e municipais. Bastou, porém, que surgisse um prenúncio de estabilidade monetária para que se pudesse avaliar o pêso fiscal. E mais significativa será ainda a carga tributária porque, daqui por diante, a expansão econômica deverá processar-se a custos decrescentes, condição econômica incompatível com a presença de impostos de incidência em cascata, cobrados a esmo, sem a menor atenção para os problemas do custo da produção.

134

Com a finalidade de pôr têrmo à multipilicidade acumulativa dos tributos é que o projeto propõe a eliminação de alguns impostos federais, estaduais e municipais. Os que lidam com os impostos sabem que um único impôsto — mesmo tão completo como o da renda — é uma ilusão. Reconhecem, todavia, o grave inconveniente da cobrança de muitos impostos, porque a maioria dêles redunda em simples repetição tributária. São novos impostos, sem a menor seletividade adicional de incidência. O número de impostos não pode, pois, deixar de ser diminuto. Dentre êles se destacam de maneira ímpar os impostos de renda e o de consumo, que se completam, e cujas receitas podem ser substanciais para a União, os Estados e os Municípios. Nestas condições, a supressão de vários impostos é desejável e exeqüível. Sua eliminação favorece a intensificação da atividade econômica, através da qual se compensa, com vantagem, a receita dos impostos que são cobrados de maneira racional.

O País está a caminho de uma fase de progresso que depende, para a segurança de seu êxito, da adoção de impostos apoiados econômicamente sôbre a renda distribuída e não, de maneira antieconômica, sôbre a formação do produto nacional, como ocorre hoje, de maneira acentuada.

4. Em um regime de desenvolvimento equilibrado, cuja segurança econômico-social é mantida pela estabilidade monetária, cabe ao impôsto de renda o papel decisivo de esteio da arrecadação fiscal. É um impôsto que além de captar receita adequada para os cofres públicos, é capaz, graças à flexibilidade de sua incidência, de promover a expansão econômica e corrigir as desigualdades da distribuição da renda social entre os indivíduos e entre as regiões do País.

O impôsto de consumo pode ser arrecadado em conjunto com o impôsto de renda. Ambos os tributos aquilatam a capacidade de contribuição dos indivíduos, um pelo ângulo do recebimento da renda, o outro pelo ângulo de seu dispêndio. O impôsto de consumo permite atingir a elevado grau de seletividade das mercadorias e serviços, sendo, dêsse modo, precioso complemento do impôsto de renda. São dois impostos básicos que, por fôrça de seus requisitos técnicos, devem ser cobrados pela União. Daí a idéia de distribuir sua receita pelas unidades governamentais da Federação. Em lugar de recorrermos à multipilicidade de impostos, quase todos antieconômicos, atribuindo-os arbitràriamente à União, aos Estados e aos Municípios, é preferível, em proveito de cada uma dessas unidades governamentais, e, principalmente em benefício do Brasil, recorrer, precìpuamente, aos impostos de renda e de consumo, distribuindo pronta e automàticamente a sua receita.

Em vez da preocupação de dividir a competência tributária, apelando para a implantação de muitos impostos, é de maior al-

135

cance econômico e social dar atenção à distribuição da receita de poucos impostos, desde que bem escolhidos e apropriadamente lançados e cobrados.

5. Atualmente, o impôsto de renda é de arrecadação modesta, em comparação com o impôsto de vendas e consignações e com o impôsto de consumo.

Duas são as causas da escassez de receita do impôsto de renda: a insuficiência de fiscalização e a falta de generalização tributária. Desde que os Estados e Municípios participem direta e automàticamente da receita do impôsto de renda das pessoas físicas, que é o impôsto que deve ser desenvolvido, êles se esforçarão por cooperar na intensificação de sua receita. Se, por exemplo, em um Município fôr arrecadada a importância de quinhentos milhões de cruzeiros de impôsto de renda, e, nesse mesmo dia, forem destacados 50 milhões de cruzeiros para o Município e para o Estado (de acôrdo com a percentagem admitida no projeto) òbviamente o Estado e o Município terão todo o interêsse em cooperar com a União para o aumento da arrecadação. Êles o farão mediante o suprimento de informações cadastrais e secundarão a fiscalização através de seus próprios tributos, tais como o de vendas e consignações, o impôsto predial, o impôsto de sucessão e outros. Um convênio fiscal entre a União, Estados e Municípios não sòmente economizará consideràvelmente as despesas de fiscalização por parte do Govêrno Federal, como permitirá aprimorar o serviço de arrecadação de todos os tributos.

Reconhecido o impôsto de renda como esteio do sistema tributário do regime federativo, sua generalização será alcançada com pleno apoio da opinião pública.

Hoje, o impôsto de renda abrange número muito restrito de contribuintes. Não se trata apenas de evasão. O fato advém da circunstância de exigir-se a cobrança acima de um nível que reduz demasiadamente o círculo de contribuintes. Desde que a taxação seja módica nos escalões menores de renda e se razoável dedução de encargos de família, a cobrança do impôsto pode e deve ter início em nível sensìvelmente inferior ao que prevalece atualmente. Não se justifica o início da cobrança do impôsto de renda sòmente a partir de soma equivalente ao dôbro do maior salário mínimo. Bataria que o nível da tributação correspondesse aproximadamente ao salário mínimo para a renda do trabalho. Êsse o princípio da generalização da incidência do impôsto de renda, que comporta tôda uma graduação de isenções parciais ou mesmo totais, devido às somas dedutíveis para encargos de família, despesas de educação, saúde e mesmo de incentivos à formação de poupanças.

6. Se a renda nacional tivesse formação mais uniforme em nosso País, a participação da receita segundo a arrecadação local

seria suficiente. Mas, ao contrário, a formação do produto nacional é fortemente concentrada na região Centro-Sul. As grandes emprêsas estão sediadas nos Estados de São Paulo e Guanabara. As maiores fábricas estão, igualmente, localizadas nesses dois Estados. Caso prevalecesse exclusivamente o critério de distribuição da receita tributária segundo a arrecadação local, os Estados de São Paulo e seus Municípios e o Estado da Guanabara ficariam excessivamente aquinhoados e muito mal assistidos grande número de Estados e Municípios. Ainda mais. Daqui por diante, haveria enorme rivalidade para a localização de fábricas ou matrizes de grandes emprêsas para efeito da participação do impôsto de consumo e do impôsto de renda. Êsses dois fatos preocuparam consideràvelmente a Comissão, motivo porque propôs, com sabedoria, que se constituísse um fundo a ser distribuído aos Estados e Municípios, segundo as determinações de uma lei complementar.

As preocupações da Comissão são inteiramente procedentes e a sugestão que oferece parece-me feliz. Mas, sem dúvida, incompleta. A par da distribuição indireta, através da formação do fundo, deve haver a participação direta, respeitada, entretanto, a concentração de renda através das pessoas jurídicas. Êsse o motivo da ênfase à arrecadação do impôsto sôbre as pessoas físicas no caso da participação direta.

7. Além dos aspectos assinalados, convém ressaltar que a reforma tributária tem, igualmente, por escopo, oferecer meios de disciplina monetária.

Acredito estarmos em condições de sugerir ao legislador dispositivos constitucionais que facultem ao Conselho Monetário Nacional o uso de dois impostos que muito se adaptam à política monetária, ao passo que mantidos conforme o são atualmente constituem entraves à economia do País.

O impôsto de exportação e o impôsto sôbre transações financeiras — o denominado impôsto de sêlo — são condenáveis se exigidos com a finalidade de suprir recursos de tesouraria, porque recaem sôbre valôres que, de forma alguma, expressam a capacidade de contribuir para os cofres públicos. Por outro lado, são excelentes meios de formação de reservas.

Mostra a experiência a inegável vantagem de uma reserva monetária oriunda do aumento de preços internacionais dos produtos de exportação, como meio de compensar essa exportação em fase subseqüente de baixa dos preços. É, igualmente, recomendável o desestímulo a movimentos altistas em Bôlsa, mediante a adoção de um tributo sôbre tais transações, cuja receita pode ser empregada na formação de reservas que se destinem a financiar as compras de títulos em casos de especulação baixista. Idêntico processo fiscal compensatório pode ser adotado no mercado cambial.

137

Trata-se de um instrumento de política monetária que completa e, não poucas vêzes, substitui o clássico processo de redesconto, nem sempre exeqüível ou a intervenção direta no mercado de capitais, cujo êxito depende de uma sensibilidade financeira que ainda não conseguimos alcançar.

Agora que a inflação foi subjugada e que nos empenhamos na recuperação econômica apoiada em um cruzeiro estável, as medidas acima sugeridas são de urgente necessidade. Não nos esqueçamos de que nas fases de recuperação há sempre o perigo de um ressurgimento inflacionário. Se não o controlarmos adequadamente, incorreremos no risco de uma desvalorização da moeda, que a opinião pública já não tolera, ou, por falta de instrumental próprio, cairemos no extremo oposto do dilema de embaraçar o ritmo do desenvolvimento. O Conselho Monetário Nacional deve, conseqüentemente, dispor de variados instrumentos, sendo, em nosso País, o processo fiscal-monetário o dos mais eficientes, por suas notáveis qualidades de flexibilidade e de eficácia.

Contando com a flexibilidade do referido instrumental, as autoridades estarão aptas a selecionar as medidas que visam a combater os focos inflacionários ou depressivos. Ao mesmo tempo, a eficácia da medida seletiva é reforçada de maneira global, uma vez que o aumento ou a diminuição das reservas representa um contra-efeito à expansão ou à retração dos meios de pagamento, originados dos aludidos focos, inflacionários ou depressivos.

8. A transferência do impôsto de exportação para a esfera federal é medida que todos recomendam. Todavia, a caracterização constitucional dêsse impôsto como instrumento monetário sofre algumas impugnações, sob a alegação de que deve caber ao legislador ordinário a decisão sôbre a finalidade dos tributos.

Não resta dúvida sôbre a conveniência de assegurar-se a mutabilidade das leis e dos regulamentos, conjugada com a imutabilidade da lei básica. Mas para que atingíssemos a êsse ideal seria necessário que nossa Constituição se limitasse a traçar um roteiro de princípios, sem descer a minúcias regulamentares. Entretanto, nosso texto constitucional, a par de notáveis normas de perene validade, ostenta dispositivos de precária duração. É êsse o motivo porque somos obrigados, de quando em vez, a falar em reforma constitucional.

Os Constituintes de 1946, não obstante tenham desejado legar uma "túnica ampla e flexível, a modelar-se pelo corpo da Nação", como tem acentuado o ilustre professor Aliomar Baleeiro, ao incluírem pormenores legais tornaram a túnica constitucional bem mais apertada do que previram. A minúcia dos dispositivos constitucionais é que nos leva a reformas freqüentes e minuciosas.

138

Assim, se nós nos limitássemos a declarar, na reforma da Constituição, que o impôsto de exportação seria transferido dos Estados para a União, a medida haveria de ser considerada sem justificativa plausível, porque todos reconhecem a inconveniência econômica dêsse tributo. Não seria seu deslocamento, da esfera estadual para a esfera federal, que haveria de imprimir-lhe qualidades. O fato que o torna qualificável, ao passar para a União, é sua transformação de meio de receita de tesouraria a processo monetário de formação de reservas. E isso precisa ser dito.

Em resumo: tendo a Constituição descido ao pormenor de arrolar e discriminar impostos, nos obriga a reformas freqüentes e com especificações crescentes na sucessão dessas reformas.

9. Há juristas que consideram como "baluarte tradicional da democracia" a inclusão do impôsto no Orçamento, para fins de sua cobrança. Foi o ponto de vista que prevaleceu na Constituição de 1946.

Não creio que essa exigência constitucional venha a criar embaraços ao legislador ordinário para lançar impostos de caráter monetário, desvinculando-os do Orçamento, uma vez que, por natureza, são instrumentos fiscais extra-orçamentários. Todavia, não vejo muita lógica na proposição constitucional de subordinar a exigência tributária à inclusão no Orçamento, embora compreenda que na recomendação do Constituinte houvesse o propósito de disciplinar a conduta financeira do administrador, em benefício do País e em respeito ao sacrifício do contribuinte. Mas se a Constituição prevê a possibilidade de aumento de despesas durante a execução orçamentária, é indispensável que admita, também, o aumento da receita de impostos. Se a Constituição pretende garantir o contribuinte contra qualquer acréscimo tributário, durante a vigência de um exercício financeiro, deve, igualmente, vedar qualquer possibilidade de aumento de despesas durante êsse período. Entretanto, ao permitir o acréscimo de despesas, como realìsticamente o fêz a Constituição de 1946, e, ao mesmo tempo, adotar terminante proibição de acréscimo de receita tributária, a Constituição imprime à execução orçamentária uma tendência inflacionária, que não pode deixar de ser corrigida.

10. Do que acabamos de expor, se depreende que as modificações um tanto pormenorizadas que estamos sugerindo na reforma da Constituição são uma conseqüência do antigo defeito da inclusão, no texto constitucional, de dispositivos de execução de política, e não apenas, como seria desejável, de enunciados de roteiros políticos.

Exatamente com o propósito de isentar o texto constitucional de dispositivos sujeitos a modificações freqüentes é que a Comissão apelou para as "leis complementares".

Outra prova de tentativa de intangibilidade constitucional foi dada pela Comissão ao discriminar os impostos. Em vez de manter os nomes de impostos de "consumo" e de "vendas e consignações", a Comissão optou pela designação de "impostos de produção e de circulação", o que, sem dúvida, é um processo de generalização de enunciado, próprio das Constituições.

A mudança de denominação advém, também, do fato de, presentemente, tais impostos serem pagos pelos produtores e pelos comerciantes. É possível que, em futuro próximo, com o aperfeiçoamento do processo de arrecadação, o impôsto venha a recair diretamente na fase final de consumo. Não percamos, porém, tempo com divagações sôbre a nomenclatura dos impostos, mesmo porque a classificação adotada pela Comissão imprime flexibilidade ao sistema. Oferece, ainda, a grande vantagem de impedir que a incidência dos impostos seja acumulativa.

Não resta dúvida de que o processo cumulativo propicia maior receita. Tão nociva, porém, é essa vantagem financeira para a economia do País, que a hipótese de prejuízo deve ser completada.

11. O impôsto territorial é um complemento do impôsto de renda. O impôsto de renda e o impôsto territorial devem ser lançados e arrecadados um em relação ao outro. Uma extensão territorial bem aproveitada, de elevada rentabilidade, deve estar mais sujeita ao impôsto de renda do que ao impôsto territorial. Se, contràriamente, a propriedade é inaproveitada ou mal utilizada, deve preponderar o impôsto territorial sôbre o da renda.

A receita do impôsto territorial rural é atribuída aos Municípios com pequena parcela retida pela União para atender às despesas do lançamento e arrecadação do tributo, já que o impôsto de renda é cedido, em parte, aos Municípios, automàticamente e no curso do exercício fiscal.

O impôsto territorial urbano e o impôsto predial, atribuídos pelo projeto aos Municípios, têm certa conexão com o impôsto de renda. É um complemento indispensável, notadamente no caso de residências próprias, cuja renda implícita, auferida pelo morador, escapa à tributação do impôsto de renda da União.

Os impostos relacionados com a transmissão de propriedades *inter vivos*, hoje admitidos pela Constituição, são destituídos de fundamento econômico e por êsse motivo a Comissão sugere que sejam retificados.

O fato de alguém vender uma propriedade a outrem não autoriza a admitir, pela simples transmissão, o exercício de uma atividade econômica suscetível de tributação. Se o vendedor lucra com a transação, se aufere um ganho de capital, porque comprou

140

por um preço e vendeu por outro, obtendo um lucro real, êsse lucro deve ser taxado, não, porém, sôbre o valor da transação. O vendedor estará sujeito a um impôsto próprio — o impôsto sôbre ganhos de capital, seja o bem móvel ou imóvel.

A meu ver deveríamos suprimir integralmente do sistema tributário os impostos de transmissão de propriedade *inter vivos*. São impostos sem sentido econômico. Criam impecilhos de tôda ordem e representam sério obstáculo ao desenvolvimento econômico do País.

A Comissão julgou prudente não adotar ponto de vista tão radical. Manteve aquêle impôsto de transmissão, com ressalvas.

12. Acompanham esta Exposição os projetos de Emendas *A* e *B*.

O primeiro relatório da Comissão, explicando tais "Emendas", foi entregue a Vossa Excelência e dado ao conhecimento das autoridades Estaduais e Municipais. A Comissão recebeu as críticas dessas autoridades e manteve amplos debates com especialistas da matéria, no Rio de Janeiro e em São Paulo. As objeções levantadas foram cuidadosamente examinadas pela Comissão, tendo aceito várias contribuições apresentadas, o que a levou a reformular o projeto em alguns pontos.

O relatório é minucioso e explica os fundamentos dos dispositivos do projeto: os prèviamente apresentados, os que foram mantidos e os que sofreram modificações à luz das críticas recebidas.

13. Deixo aqui consignado o quanto é o Ministério da Fazenda grato aos componentes da Comissão, presidida pelo Dr. Luiz Simões Lopes, aos técnicos do Ministério da Fazenda e da Fundação Getúlio Vargas, que muito auxiliaram a Comissão e, particularmente, aos que redigiram o relatório, o professor Rubens Gomes de Souza, o Dr. Gilberto Ulhoa Canto e o Dr. Gerson Augusto da Silva.

Aproveito a oportunidade para renovar a Vossa Excelência os protestos do meu mais profundo respeito.

Octávio Gouveia de Bulhões
Ministro da Fazenda

ÍNDICE ANALÍTICO

Emenda Constitucional nº 18, de 1º de dezembro de 1965
(Publicada no D. O. de 6-12-65)

A

ABATIMENTO DO IMPÔSTO SÔBRE PRODUTOS INDUSTRIALIZADOS

(V. *Impôsto sôbre Produtos Industrializados*)

ALTERAÇÕES E SUBSTITUIÇÕES TRIBUTÁRIAS

Poderão entrar gradualmente em vigor, nos exercícios de 67, 68 e 69 .... Art. 26, § 1º

AMAZÔNIA

(V. *Região Amazônica*)

APLICAÇÃO DOS FUNDOS DE PARTICIPAÇÃO

(V. *Fundo de Participação dos Estados e do Distrito Federal e Fundo de Participação dos Municípios*)

ARRECADAÇÃO DE IMPOSTOS DE COMPETÊNCIA DOS ESTADOS

A ——————— poderá ser efetuada por Municípios, quando o produto lhes fôr distribuído no todo ou em parte .... Art. 24, § único

ARRECADAÇÃO DE IMPOSTOS DE COMPETÊNCIA DA UNIÃO

A ——————— poderá ser efetuada por Estados, Municípios e Distrito Federal quando o produto lhes fôr distribuído no todo ou em parte .. Art. 24

143

AUTARQUIAS

(V. *Imunidades ou Isenções Tributárias*)

AUTORIDADES ARRECADADORAS

Farão entrega aos Estados e Municípios à medida
em que os tributos forem sendo arrecadados ..   Art. 20, § único

AUTORIZAÇAO ORÇAMENTARIA PARA APLI-CAÇAO DOS FUNDOS DE PARTICIPAÇAO
(V. *Tribunal de Contas da União*)

B

BEBIDAS ALCOÓLICAS

(V. *Impostos sôbre Produtos Industrializados*)

- C

CAMBIO

(V. *Impôsto sôbre Operações de Crédito, Câmbio
e Seguro sôbre Operações Relativas a Títulos
e Valôres Mobiliários*)

CESSAO DE DIREITOS RELATIVOS A AQUISI-ÇAO DE BENS IMÓVEIS ....   Art. 9°, §§ 1° e 2°

(V. também *Impôsto sôbre Transmissões de Bens
Imóveis*)

CESSAO FÍSICA

(V. *Impôsto sôbre Transmissão de Bens Imóveis*)

CIRCULAÇAO DE COMBUSTIVEIS E LUBRIFI-CANTES

(V. *Impôsto sôbre Combustiveis e Lubrificantes*)

CIRCULAÇAO DE MINERAIS

(V. *Impôsto sôbre Minerais do País*)

COMBUSTIVEIS

(V. *Impôsto sôbre Combustiveis e Lubrificantes*)

COMÉRCIO EXTERIOR

(V. *Impôsto sôbre a Importação de Produtos Es-trangeiros, Nacionais ou Nacionalizados para o
Estrangeiro e Impôsto sôbre a Exportação de
Produtos*)

COMUNICAÇÕES

(V. *Impôsto sôbre Serviços de Transportes e
Comunicações*)

144

CONSUMO DE COMBUSTÍVEIS E LUBRIFI-
CANTES

(V. *Impôsto sôbre Combustíveis e Lubrificantes*)

CONSUMO DE ENERGIA ELÉTRICA

(V. *Impôsto sôbre Energia Elétrica*)

CONSUMO DE MINERAIS

(V. *Impôsto sôbre Minerais do País*)

CONTRIBUIÇÕES DE MELHORIA

Compõem o sistema tributário nacional .... Art. 1º
Competência para cobrá-las .... Art. 19
Limites das ——————— .... Art. 19

CONVÊNIOS DA UNIÃO COM ESTADOS E MU-
NICÍPIOS

(V. *Estados, Municípios, União*)

D

DEMISSÃO DE AUTORIDADES ARRECADA-
DORAS

——————— pelo não cumprimento do prazo para
entrega dos tributos .... Art. 20, § único

DIFERENÇA TRIBUTÁRIA

É vedado aos Estados, ao Distrito Federal e aos
Municípios estabelecer ——————— entre bens de
qualquer natureza, em razão da sua procedência ou do seu destino .... Art. 3º, II

DIREITOS REAIS DE GARANTIA

(V. *Impôsto sôbre Transmissão de Bens Imóveis*)

DISTINÇÃO OU PREFERÊNCIA

É vedado à União instituir tributo que não seja
uniforme em todo o território nacional, ou que
importe em favor de determinado Estado ou
Município .... Art. 3º, I

DISTRIBUIÇÃO DE COMBUSTÍVEIS E LUBRIFI-
CANTES

(V. *Impôsto sôbre Combustíveis e Lubrificantes*)

DISTRIBUIÇÃO DE ENERGIA ELÉTRICA

(V. *Impôsto sôbre Energia Elétrica*)

145

DISTRITO FEDERAL

Compete ao ————— cobrar:

— os impostos atribuídos aos Estados e aos
Municípios .... Art. 6°, I

— taxas .... Art. 18

— contribuição de melhoria .... Art. 19

Fundo de Participação dos Estados e do ————— .. Art. 21

Destinará 50%, pelo menos, do que receber do Fundo de Participação ao seu orçamento de capital Art. 21, § 2°

Receberá cota do impôsto que incidir sôbre operações relativas a combustíveis, lubrificantes, energia elétrica e minerais .... Art. 23

Poderá arrecadar os impostos de competência da
União cujo produto lhe seja distribuído no
todo ou em parte .... Art. 24

(V. também *Proibições Tributárias*)

DIVERSÕES PÚBLICAS

(V. *Impôsto sôbre Diversões Públicas*)

E

EMPRÉSTIMOS COMPULSÓRIOS

Sòmente a União poderá institui-los .... Art. 4°

ENERGIA ELÉTRICA

(V. *Impôsto sôbre Energia Elétrica*)

ESTABELECIMENTOS OFICIAIS DE CRÉDITO

Através dos ————— far-se-á, mensalmente, a entrega, às entidades participantes do Fundo, das
quantias a que fizerem jus .... Art. 21, § 1°

ESTADOS

Compete aos —————:

não divididos em municípios, os impostos atribuídos aos Estados e aos Municípios ... Art. 6°, I

o impôsto sôbre a transmissão a qualquer título,
de bens imóveis por natureza ou por cessão física, como definidos em lei, e de direitos reais sôbre imóveis, exceto os direitos reais de garantia .... Art. 9°

o impôsto sôbre operações relativas à circulação de mercadorias, realizadas por comerciantes, industriais e produtores .... Art. 12

cobrar taxas .... Art. 18

cobrar contribuição de melhoria .... Art. 19

Receberão da União o produto da arrecadação na fonte do impôsto sôbre a renda e proventos de qualquer natureza, incidente sôbre a renda das obrigações de sua divida pública e sôbre os proventos dos seus servidores e dos de suas autarquias .... Art. 20, II

Destinarão pelo menos 50% do que receberem do Fundo de Participação aos seus orçamentos de capital .... Art. 21, § 2º

Poderão celebrar convênios destinados a assegurar ampla e eficiente coordenação dos respectivos programas de investimentos e serviços públicos Art. 22

Receberão cota do impôsto que incidir sôbre operações relativas a combustiveis, lubrificantes, energia elétrica e minerais .... Art. 23

Poderão arrecadar os impostos de competência da União de cujo produto participem .... Art. 24

Poderão delegar aos Municípios competência para arrecadar impostos que venham a ser distribuidos por êles .... Art. 24, § único

Os tributos de competência dos ——— vigentes à data da promulgação desta Emenda, salvo o impôsto de exportação, poderão continuar a ser cobrados até 31 de dezembro de 1966, devendo, nesse prazo, ser revogados, alterados ou substituidos por outros na conformidade do disposto nesta Emenda .... Art. 26

O Art. 20 da Constituição ficará revogado nos ——— que instituírem o impôsto previsto no Art. 12 da Emenda 18 .... Art. 26, § 2º

(V. também *Proibições Tributárias*)

F

FUMO

(V. *Impôsto sôbre Produtos Industrializados*)

FUNDO DE PARTICIPAÇÃO DOS ESTADOS E DO DISTRITO FEDERAL

Cálculo da percentagem destinada ao ——— .... Art. 21, § 3º

Cálculo para aplicação do ——— .... Art. 21, § 1º

Constituição do ———— .... Art. 21

Aplicação .... Art. 21, §§ 1º e 2º

Autorização orçamentária para aplicação do ———— Art. 21, § 1º

FUNDO DE PARTICIPAÇÃO DOS MUNICIPIOS

Cálculo da percentagem destinada ao ———— .... Art. 21, § 3º

Cálculo para aplicação do ———— .... Art. 21, § 1º

Constituição do ———— .... Art. 21

Aplicação .... Art. 21, §§ 1º e 2º

Autorização orçamentária para aplicação do ———— Art. 21, § 1º

G

GÉNEROS DE PRIMEIRA NECESSIDADE

Isentos, quando vendidos a varejo, diretamente ao consumidor .... Art. 12, § 2º

GUERRA EXTERNA

(V. *Impostos Extraordinários*)

I

IMPORTAÇÃO DE COMBUSTIVEIS E LUBRIFICANTES

(V. *Impôsto sôbre Combustíveis e Lubrificantes*)

IMPORTAÇÃO DE ENERGIA ELÉTRICA

(V. *Impôsto sôbre Energia Elétrica*)

IMPOSTO SÔBRE A EXPORTAÇÃO DE PRODUTOS NACIONAIS OU NACIONALIZADOS PARA O ESTRANGEIRO

É da competência da União .... Art. 7º, II

A receita liquida do ———— destina-se à formação de reservas monetárias, na forma da lei ...... Art. 7º, § 2º

IMPOSTO DE INDÚSTRIAS E PROFISSÕES

Poderá ser cobrado até 31 de dezembro de 1966 Art. 26

IMPOSTO DE LICENÇA

Poderá ser cobrado até 31 de dezembro de 1966 Art. 26

IMPOSTO DE RENDA

(V. *Impôsto sôbre a Renda e Proventos de Qualquer Natureza*)

IMPÔSTO PREDIAL

(V. *Impôsto sôbre a Propriedade Predial e Territorial Urbana*)

IMPÔSTO SÔBRE COMBUSTIVEIS E LUBRIFICANTES

É da competência da União .... Art. 16, I

Incidência .... Art. 16, § único

Será partilhado pelos Estados, Distrito Federal e
Municípios .... Art. 23

IMPÔSTO SÔBRE DIVERSÕES PÚBLICAS

Poderá ser cobrado até 31 de dezembro de 1966 Art. 26

IMPÔSTO SÔBRE ENERGIA ELÉTRICA

É da competência da União .... Art. 16, II

Será partilhado com os Estados, Distrito Federal e
Municípios .... Art. 23

IMPÔSTO SÔBRE A EXPORTAÇAO PARA O ESTRANGEIRO DE PRODUTOS NACIONAIS OU NACIONALIZADOS

É da competência da União .... Art. 7º, II

O Poder Executivo pode, nas condições e nos limites estabelecidos em lei, alterar as alíquotas ou bases de cálculo do ———— a fim de ajustá-lo aos objetivos da política cambial e do comércio exterior .... Art. 7º, II, § 1º

A receita líquida do ———— destina-se à formação de reservas monetárias, na forma da lei .... Art. 7º, II, § 2º

Entrará em vigor a 1º de janeiro de 1966 .... Art. 26, § 3º

IMPÔSTO SÔBRE A IMPORTAÇAO DE PRODUTOS ESTRANGEIROS

É da competência da União .. .. Art. 7º, I

O Poder Executivo pode, nas condições e nos limites estabelecidos em lei, alterar as alíquotas ou as bases de cálculo do impôsto, a fim de ajustá-lo aos objetivos da política cambial e do comércio exterior .... Art. 7º, II, § 1º

149

IMPÔSTO SÔBRE MINERAIS DO PAÍS

É da competência da União	Art. 16, III
Será partilhado com os Estados, o Distrito Federal e os Municípios	Art. 23

IMPÔSTO SÔBRE OPERAÇÕES DE CRÉDITO, CÂMBIO E SEGURO, E SÔBRE OPERAÇÕES RELATIVAS A TÍTULOS E VALÔRES MOBILIÁRIOS

Compete à União	Art. 14, I
Alíquotas	Art. 14, § 1º
Bases do cálculo do ————	Art. 14, § 1º
Receita líquida do ———— destina-se à formação de reservas monetárias	Art. 14, § 2º

IMPÔSTO SÔBRE CIRCULAÇÃO DE MERCADORIAS

Alíquota do ———— é uniforme para tôdas as mercadorias, não excedendo, nas operações que as destinem a outro Estado, o limite fixado em resolução do Senado	Art. 12, § 1º
Compete aos Estados	Art. 12
Cobrança do ———— pelo Município	Art. 13 e § único
Não cumulatividade do ————	Art. 12, § 2º
Não incidência do ————	Art. 12, § 2º
O montante do ———— cobrado em cada operação será abatido nas operações subseqüentes ..	Art. 12, § 2º
Sua instituição no Estado condicionará a revogação do Art. 20 da Constituição	Art. 26, § 2º

IMPÔSTO SÔBRE PRODUTOS INDUSTRIALIZADOS

Abatimentos do ————	Art. 11, § único
Compete à União o ————	Art. 11
Do produto da arrecadação do ———— 80% constituem receita da União e o restante será distribuído aos Fundos de Participação	Art. 21
É seletivo em função da essencialidade dos produtos	Art. 11, § único
Incidente sôbre fumo e bebidas alcoólicas não será distribuído pelos Estados e Municípios que celebrarem convênios com a União	Art. 22
Não cumulatividade do ————	Art. 11, § único

IMPÔSTO SÔBRE A PROPRIEDADE PREDIAL E TERRITORIAL URBANA

É da competência dos Municípios .... Art. 10

IMPÔSTO SÔBRE A PROPRIEDADE TERRITORIAL RURAL

É da competência da União .... Art. 8º, I

O produto da arrecadação do ———— será distribuído aos Municípios da localização dos imóveis .... Art. 20, I

IMPÔSTO SÔBRE A RENDA E PROVENTOS DE QUALQUER NATUREZA

Compete à União .... Art. 8º, II

Do produto da arrecadação do ———— 80% será distribuído aos Fundos de Participação dos Estados e Municípios .... Art. 21

Será distribuído aos Estados e Municípios, o produto da arrecadação na fonte do ———— incidente sôbre a renda das obrigações de sua dívida pública e sôbre os proventos dos seus servidores e dos de suas autarquias .... Art. 20, II

Não será computado para efeito do cálculo da percentagem destinada aos Fundos, a parcela do ———— arrecadada na fonte, incidente sôbre a renda das obrigações da dívida pública estadual e municipal e sôbre os proventos dos servidores estaduais e municipais .... Art. 21, § 3º

Até 10% da arrecadação efetuada nos respectivos territórios do ———— incidente sôbre o rendimento das pessoas físicas, poderá ser distribuído entre Estados e Municípios que celebrem convênio com a União .... Art. 22

IMPÔSTO SÔBRE SERVIÇOS DE QUALQUER NATUREZA, NÃO COMPREENDIDOS NA COMPETÊNCIA TRIBUTÁRIA DA UNIÃO E DOS ESTADOS

Compete aos Municípios .... Art. 15

IMPÔSTO SÔBRE SERVIÇOS DE TRANSPORTES E COMUNICAÇÕES

Compete à União, salvo sôbre os de natureza estritamente municipal .... Art. 14, II

IMPÔSTO SÔBRE TRANSFERÊNCIA DE FUNDOS PARA O EXTERIOR

Poderá ser cobrado até 31 de dezembro de 1966 .. Art. 26

151

IMPÓSTO SÔBRE TRANSMISSÃO A QUALQUER TÍTULO DE BENS IMÓVEIS

Aliquota do ———— não excederá os limites fixados em resolução do Senado Federal .... — Art. 9°, § 4°

Compete aos Estados .... — Art. 9°

O montante do ———— será deduzido do impôsto sôbre a renda e proventos de qualquer natureza — Art. 9°, § 4°

IMPOSTOS

Compõem o sistema tributário nacional .... — Art. 1°

Os ————, componentes do sistema tributário nacional, são exclusivamente os que constam desta Emenda .... — Art. 5°

IMPOSTOS ESPECIAIS

(V. *Impôsto sôbre Combustíveis; Impôsto sôbre Energia Elétrica; Impôsto sôbre Minerais do País e Impostos Extraordinários)*

IMPOSTOS EXTRAORDINARIOS

Compete à União, na iminência ou no caso de guerra, instituir, temporàriamente, impostos extraordinários, compreendidos ou não na enumeração constante dos Arts. 8° a 16, suprimidos, gradativamente, no prazo máximo de cinco anos, contados da celebração da paz .... — Art. 17

IMPOSTOS SÔBRE O COMÉRCIO EXTERIOR

(V. *Impôsto sôbre Importação de Produtos Estrangeiros e Impôsto sôbre a Exportação de Produtos Nacionais ou Nacionalizados para o Estrangeiro)*

IMPOSTOS SÔBRE A PRODUÇÃO E A CIRCULAÇÃO

(V. *Impôsto sôbre Produtos Industrializados; Impôsto sôbre Operações Relativas à Circulação de Mercadorias, Realizadas por Comerciantes, Industriais e Produtores)*

IMPOSTOS SÔBRE O PATRIMÔNIO E A RENDA

(V. *Impôsto sôbre a Propriedade Predial e Territorial Urbana; Impôsto sôbre a Propriedade Territorial Rural; Impôsto sôbre a Renda e Proventos de Qualquer Natureza e Impôsto sôbre a Transmissão de Bens Imóveis)*

IMPOSTOS SÔBRE SERVIÇOS DE UMA ESFERA
POR OUTRA ....   Art. 2º, IV, *a*

IMUNIDADES OU ISENÇÕES TRIBUTÁRIAS

É vedado à União, aos Estados, ao Distrito Federal
e aos Municípios cobrar impostos sôbre:

o patrimônio, a renda ou os serviços uns dos
outros ....   Art. 2º, IV, *a*

o patrimônio, a renda ou os serviços vinculados
às finalidades essenciais das autarquias ou
delas decorrentes........................   Art. 2º, § 1º

templos de qualquer culto ....   Art. 2º, IV, *b*

o patrimônio, a renda ou serviços de partidos
políticos e de instituições de educação ou
assistência social, observados os requisitos
fixados em leis complementares ....   Art. 2º, IV, *c*

o papel destinado exclusivamente à impressão
de jornais, periódicos e livros ....   Art. 2º, IV, *d*

(V. também *Isenção Geral de Tributos*)

INCORPORAÇÃO AO CAPITAL DE PESSOAS
JURÍDICAS ....   Art. 9º, § 2º

INDÚSTRIAS E PROFISSÕES

(V. *Impôsto de Indústrias e Profissões*)

INSTITUIÇÕES DE EDUCAÇÃO OU DE ASSIS-
TÊNCIA SOCIAL

(V. *Imunidades ou Isenções Tributárias*)

ISENÇÃO GERAL DE TRIBUTOS ....   Art. 2º, § 2º

J

JORNAIS

(V. *Papel para Impressão de Jornais, Periódicos e
Livros*)

L

LIMITAÇÕES TRIBUTÁRIAS

(V. *Proibições Tributárias*)

LOCAÇÃO DA PROPRIEDADE IMOBILIÁRIA

(V. *Venda ou Locação da Propriedade Imobiliária*)

LIVROS

(V. *Papel para Impressão de Jornais, Periódicos e Livros*)

LUBRIFICANTES

(V. *Impôsto sôbre Combustíveis e Lubrificantes*)

M

MINERAIS

(V. *Impôsto sôbre Minerais do País*)

MUNICÍPIOS

Compete aos ———— cobrar:

o impôsto sôbre a propriedade predial e territorial urbana .... Art. 10

o impôsto sôbre operações relativas à circulação de mercadorias, realizadas por comerciantes, industriais e produtores .... Art. 13

o impôsto sôbre serviços de qualquer natureza, não compreendidos na competência tributária da União e dos Estados .... Art. 15

taxas .... Art. 18

contribuição de melhoria .... Art. 19

Receberão da União:

o impôsto sôbre a propriedade territorial rural nêles localizada .... Art. 20, I

o impôsto de renda relativo ao produto da arrecadação na fonte, incidente sôbre a renda das obrigações de sua dívida pública e sôbre os proventos dos seus servidores ou dos de suas autarquias .... Art. 20, II

Fundo de Participação dos ———— .... Art. 21

Destinarão 50% do que receberem do Fundo de Participação, pelo menos, aos seus orçamentos de capital .... Art. 21, § 2º

Os que celebrarem convênios com a União, poderão participar da arrecadação do impôsto sôbre rendimentos das pessoas físicas efetuada nos respectivos territórios, bem como do impôsto sôbre produtos industrializados, excluídos o fumo e bebidas alcoólicas .... Art. 22

154

Receberão cotas dos impostos especiais .... Art. 23

Poderão arrecadar os impostos de competência da
União e dos Estados de cujo produto venham
a participar Art. 24 e § único

(V. também *Proibições Tributárias*)

N

NORDESTE

(V. *Região Amazônica*)

O

OBRAS PÚBLICAS

(V. *Contribuições de Melhoria*)

OBRIGAÇÕES DA DIVIDA PÚBLICA ESTADUAL
OU MUNICIPAL

A renda incidente sôbre as ———— será distribuída
aos respectivos Estados e Municípios .... Art. 20, II

A renda das ———— não será computada para
efeito do cálculo da percentagem destinada aos
Fundos de Participação .... Art. 21, § 3º

OPERAÇÕES DE CRÉDITO

(V. *Impôsto sôbre Operações de Crédito, Câmbio
e Seguro, e sôbre Operações Relativas a Títulos e Valôres Mobiliários*)

OPERAÇÕES RELATIVAS A TÍTULOS

(V. *Impôsto sôbre Operações de Crédito, Câmbio
e Seguro, e sôbre Operações Relativas a Títulos e Valôres Mobiliários*)

ORÇAMENTO DE CAPITAL

50%, pelo menos, do que cada entidade participante receber dos Fundos serão aplicados no
respectivo ———— .... Art. 21, § 2º

P

PAPEL PARA IMPRESSÃO DE JORNAIS, PERIÓ-
DICOS E LIVROS

Isento de impostos .... Art. 2º, IV, a

PARTIDOS POLÍTICOS

Imunidade tributária .... Art. 2º, IV, c

PERCENTAGENS

(V. *Fundo de Participação dos Estados e do Distrito
Federal; Fundo de Participação dos Municípios*)

PERIÓDICOS

(V. *Papel para Impressão de Jornais, Periódicos e Livros*)

POLITICA CAMBIAL

(V. *Impostos sôbre Comércio Exterior*)

POLITICA MONETARIA

(V. *Impôsto sôbre Operações de Crédito, Câmbio e Seguro, e sôbre Operações Relativas a Títulos e Valôres Mobiliários*)

PRAZO PARA DISTRIBUIÇÃO DOS TRIBUTOS ARRECADADOS PELA UNIÃO

Não maior de 30 dias, a contar da data do recolhimento dos mesmos tributos .... Art. 20, § único

PRAZO PARA REVOGAÇÃO, ALTERAÇÃO OU SUBSTITUIÇÃO DE TRIBUTOS

Até 31 de dezembro de 1966 .... Art. 26

PRAZO PARA SUPRESSÃO DE IMPOSTOS EXTRAORDINÁRIOS

(V. *Impostos Extraordinários*)

PREFERÊNCIA

(V. *Distinção ou Preferência*)

PRODUÇÃO

(V. *Impostos sôbre a Produção e a Circulação*)

PRODUÇÃO DE COMBUSTIVEIS E LUBRIFICANTES

(V. *Impôsto sôbre Combustíveis e Lubrificantes*)

PRODUTOS INDUSTRIALIZADOS

(V. *Impôsto sôbre Produtos Industrializados*)

PRODUTOS NACIONAIS OU NACIONALIZADOS

(V. *Impôsto sôbre a Exportação para o Estrangeiro de Produtos Nacionais ou Nacionalizados*)

PROIBIÇÕES TRIBUTARIAS

A União, Estados, Distrito Federal .... Art. 2º, I a IV e §§

A União .... Art. 3º, I

Aos Estados, Distrito Federal e aos Municípios .. Art. 3º, II

(V. também *Empréstimo Compulsório; Imunidades ou Isenções Tributárias*)

PROPRIEDADE PREDIAL

(V. *Impôsto sôbre a Propriedade Predial e Territorial Urbana*)

PROPRIEDADE TERRITORIAL RURAL

(V. *Impôsto sôbre a Propriedade Territorial Rural*)

PROVENTOS DE SERVIDORES ESTADUAIS E MUNICIPAIS

O impôsto sôbre ———— será distribuido pela União aos respectivos Estados e Municipios .. Art. 20, II

O impôsto sôbre ———— não será computado para efeito de cálculo da percentagem destinada aos Fundos de Participação .... Art. 21, § 3º

R

REGIÃO AMAZÔNICA

São extensivos à ———— todos os incentivos fiscais, favores creditícios e demais vantagens concedidas pela legislação à Região Nordeste do Brasil .... Art. 27

RENDA —

(V. *Impôsto sôbre a Renda e Proventos de Qualquer Natureza*)

RENDIMENTO DE PESSOAS FÍSICAS

Até 10% da arrecadação do impôsto incidente sôbre o ———— poderão ser distribuidos entre Estados e Municípios que celebrarem convênios com a União .... Art. 22

RESERVAS MONETÁRIAS

(V. *Impôsto sôbre a Exportação, para o Estrangeiro, de Produtos Nacionais ou Nacionalizados; Impôsto sôbre Operações de Crédito, Câmbio e Seguro e sôbre Operações Relativas a Titulos e Valôres Imobiliários*)

RESOLUÇÕES DO SENADO FEDERAL

Regem o sistema tributário nacional .... Art. 1º

A aliquota do impôsto sôbre a transmissão não excederá os limites fixados em ———— .... Art. 9º, § 4º

157

A alíquota do impôsto sôbre operações relativas à
circulação de mercadorias, realizadas por comerciantes, industriais e produtores é uniforme para
tôdas as mercadorias não excedendo, nas operações que as destinam a outro Estado, o limite
fixado em —————— .... Art. 12

Regularão a distribuição dos impostos especiais .... Art. 23, § único

REVOGAÇÕES OU SUBSTITUIÇÕES

Do Art. 20 da Constituição .... Art. 26, § 2º

De outros dispositivos constitucionais .... Art. 25

S

SEGURO

    (V. *Impôsto sôbre Operações de Crédito, Câmbio e
Seguro e sôbre Operações Relativas a Títulos
e Valôres Mobiliários*)

SERVIÇOS DE TRANSPORTES E COMUNI-CAÇÕES

    (V. *Impôsto sôbre Serviços de Transportes e Co-
municações*)

SISTEMA TRIBUTÁRIO NACIONAL

    Compõe-se de impostos, taxas e contribuições de
melhoria .... Art. 1º

SUBSTITUIÇÕES TRIBUTÁRIAS

    (V. *Alterações e Substituições Tributárias*)

SUCESSÃO ABERTA NO ESTRANGEIRO .... Art. 9º, § 3º

T

TAXAS

    Competência para cobrar .... Art. 18

    Compõem o sistema tributário nacional .... Art. 1º

    Bases de cálculo .... Art. 18, § único

TEMPLOS DE QUALQUER CULTO

    (V. *Imunidades ou Isenções Tributárias*)

TERRITÓRIOS FEDERAIS

    São da competência da União:

        nos ——————, os impostos atribuídos aos Estados   Art. 6º, II

        nos ——————, não divididos em Municípios, os
impostos atribuídos aos Municípios ...... Art. 6º, II

TÍTULOS

(V. *Impôsto sôbre Operações de Crédito, Câmbio e Seguro sôbre Operações Relativas a Títulos e Valôres Mobiliários*)

TRANSFERÊNCIA DE FUNDOS

(V. *Impôsto sôbre Transferência de Fundos para o Exterior*)

TRANSMISSÕES DE BENS IMÓVEIS

(V. *Impôsto sôbre a Transmissão de Bens Imóveis*)

TRANSPORTES

(V. *Impôsto sôbre Serviços de Transportes e Comunicações*)

TRIBUNAL DE CONTAS DA UNIÃO

Lei complementar cometerá ao ———— o cálculo, a autorização orçamentária ou qualquer outra formalidade da participação nos Fundos ...... Art. 21, § 1º

U

UNIÃO

Sòmente a ———— poderá instituir empréstimos compulsórios .... Art. 4º

São da competência da ————:

nos Territórios Federais os impostos atribuídos aos Estados e quando aquêles não forem divididos em Municípios, também os impostos municipais .... Art. 6º, II

os impostos sôbre o Comércio Exterior ..... Art. 7º

os impostos sôbre a propriedade territorial rural e sôbre a renda e proventos de qualquer natureza .... Art. 8º, I e II

os impostos sôbre produtos industrializados .. Art. 11

os impostos sôbre operações de crédito, câmbio e seguro e sôbre operações relativas a títulos e valôres mobiliários e o impôsto sôbre serviços de transportes e comunicações, salvo os de natureza estritamente municipal .... Art. 14, I e II

os impostos especiais .... Art. 16

os impostos extraordinários .... Art. 17

taxas .... Art. 18

contribuições de melhoria .... Art. 19

Distribuirá aos Estados e Municípios .... Arts. 20, 21, 22 e 23

Os impostos de competência da ———— cujo produto seja distribuído no todo ou em parte aos Estados, Municípios e Distrito Federal poderão ser arrecadados por êles .... Art. 24

Os tributos de competência da ———, vigentes à data da promulgação desta Emenda poderão continuar a ser cobrados até 31 de dezembro de 1966   Art. 26

(V. também *Proibições Tributárias*)

V

VALÔRES MOBILIÁRIOS

(V. *Impôsto sôbre Operações de Crédito, Câmbio e Seguro, e sôbre Operações Relativas a Títulos e Valôres Mobiliários*)

VALORIZAÇÃO IMOBILIÁRIA

(V. *Contribuições de Melhoria*)

VENDA A VAREJO

(V. *Gêneros de Primeira Necessidade*)

VENDA OU LOCAÇÃO DA PROPRIEDADE IMOBILIÁRIA .... Art. 9º, § 2º

VIGÊNCIA

Da Emenda Constitucional:

a partir da data da publicação (6 de dezembro de 1965)

Dos parágrafos 1º e 2º do Art. 7º — 1º de janeiro de 1966 .... Art. 26, § 3º

Dos tributos da União, dos Estados, do Distrito Federal e dos Municípios, vigentes à data da promulgação da Emenda nº 18, salvo o impôsto de exportação — até 31 de dezembro de 1966 .... Art. 26